Heidrun Huber
Filmrecht für Drehbuchautoren

D1723682

Heidrun Huber

Filmrecht für Drehbuchautoren

2., überarbeitete Auflage

UVK Verlagsgesellschaft mbH

Praxis Film
Band 63

Bibliografische Information der Deutschen Nationalbibliothek
Die Deutsche Nationalbibliothek verzeichnet diese Publikation in der
Deutschen Nationalbibliografie; detaillierte bibliografische Daten sind im
Internet über http://dnb.d-nb.de abrufbar.

ISSN 1617-951X
ISBN 978-3-86764-241-5

© 2., überarbeitete Auflage: UVK Verlagsgesellschaft mbH, Konstanz 2010

Einbandgestaltung: Susanne Fuellhaas, Konstanz
Druck: fgb · freiburger graphische betriebe, Freiburg

UVK Verlagsgesellschaft mbH
Schützenstr. 24 · D-78462 Konstanz
Tel.: 07531-9053-0 · Fax: 07531-9053-98
www.uvk.de

Für meinen Bruder Christian Huber

Dank

Ich danke meinem Mann Gerd, der jeden Tag aufhellt.

Danken möchte ich auch Stephan Reichenberger, Sonja Rothländer, Hanjo Seißler, Johanna Schoop, Mattias Schelbert und allen Kollegen und Freunden, die an der Entstehung dieses Buches mitgewirkt haben und immer wieder meinen Eltern.

Inhalt

Vorwort zur zweiten Auflage

Ein klares und einfaches Buch zu schreiben, in dem wichtige rechtliche Fragen verständlich beantwortet werden, das war mein Ziel. Sie finden in diesem Buch daher viele Beispiele aus der Praxis, aber nur wenige Paragrafen und Fußnoten. Fachworte, mit denen Sie in der Praxis konfrontiert werden, habe ich verwendet und erklärt.

Seit Erscheinen der ersten Auflage sind wegweisende Gerichtsentscheidungen insbesondere zum Persönlichkeitsrecht ergangen. Zudem trat zum 1. Januar 2008 der sogenannte »Korb II« der Urheberrechtsnovelle in Kraft, der auch für Autoren Änderungen mit sich brachte. »Korb III« wird derzeit vorbereitet. In der zweiten Auflage wurden diese und weitere Änderungen sowie deren Auswirkungen auf die Arbeit der Drehbuchautoren berücksichtigt.

Nehmen Sie dieses Buch als praktisches Hilfsmittel. Ziehen Sie es bei Bedarf zurate. Lesen Sie an den Stellen nach, die Sie gerade interessieren.

München, im Januar 2010   *Dr. Heidrun Huber*

»There is nothing which may more properly be called property than the creation of the individual brain.«

R. R. Bowker in: »Copyright by Walter E. Hurst«, Hollywood 1977, Seite 2

Kapitel 1:
Ist meine Idee geschützt?

Wochen- oder gar monatelang haben Sie über einem Konzept oder einer erzählenswerten Geschichte gebrütet. Dann haben Sie sich genau überlegt, wie Sie das Ergebnis in wenigen Sätzen einem Produzenten pitchen könnten. Etwas später bekommen Sie die Gelegenheit und haben das Gefühl, dem Filmhersteller gefällt Ihre Idee. Doch Wochen vergehen und vom Produzenten kein Sterbenswort. Ihre Hoffnungen schwinden. Dunkle Ahnungen befallen Sie. Hat der potenzielle Auftraggeber Sie vergessen? Verwirklicht der Mann ihren Einfall womöglich ohne Sie? Und wenn ja, sind Sie dagegen geschützt?

Kein Ideenschutz im künstlerisch-kreativen Bereich

Das Thema »Ideenschutz« wird schon lange diskutiert und war Gegenstand verschiedener gerichtlicher Auseinandersetzungen. Das Ergebnis ist eindeutig: Im künstlerisch-kreativen Bereich gibt es keinen Ideenschutz. Begründet wird dies damit, dass niemand ein Monopol auf Ideen haben soll. Wäre jeder Einfall zu schützen, könnte mit Gedanken und Ideen gehandelt werden. Gerade das soll nicht sein. Es hemme den Fortschritt, wird argumentiert. Niemand wisse dann mehr, ob er durch seine eigene Arbeit nicht Ideen anderer verletze. Im Interesse der Allgemeinheit sollen Einfälle und Ideen frei bleiben. (Anders ist dies im technischen Bereich: Ideen können dort durch ein Patent oder Gebrauchsmuster geschützt werden.)

Diese Argumente sind in der Theorie natürlich nachvollziehbar. Die Praxis sieht aber oft ganz anders aus: Wer in aufwendiger Arbeit eine Idee entwickelt hat, wird kein Verständnis dafür haben, wenn andere sie kopieren und er hilflos zusehen muss.

Auch Größe schützt vor Nachahmern nicht

So konnte zum Beispiel RTL nichts dagegen unternehmen, als nach dem erfolgreichen Start der Show »Wer wird Millionär« fast alle anderen Stationen ähnliche Quiz-Shows ausstrahlten. Auch die Idee, Menschen in einen Container oder auf eine Insel zu verfrachten, um deren Leben dabei Tag und Nacht zu filmen, konnte sich kein Produzent schützen lassen.

Was Filmideen betrifft, hat das Oberlandesgericht München[1] bereits 1955 eine bis heute zitierte Entscheidung getroffen: Damals meinte der Kläger, er sei Miturheber eines Filmstoffes. Seine Idee sei gewesen, über die Grausamkeiten des Filmbetriebs einen Film zu machen. Dabei sollten die Rücksichtslosigkeiten und die korrumpierenden Wirkungen dargestellt werden. Die Richter stellten hierzu fest, dass diese ungestaltete Idee keinen Schutz genießen würde. Von einem schutzfähigen Werk könne nicht gesprochen werden, solange nicht ein sinnlich irgendwie wahrnehmbares Gebilde vorhanden sei, das durch seine individuelle Prägung dem Geist des Schöpfers Gestalt und Ausdruck verleihe. Die bloße Mitteilung eines Gedankens oder einer Anregung, der bloße Hinweis auf einen Stoff oder Konflikt reichen für Urheberrechtsschutz nicht aus.

An diesem Beispiel können Sie gut erkennen, was unter einer »Idee« zu verstehen ist: ein in wenigen Worten zu beschreibender Einfall. Dieser Einfall bestand hier darin, einen Film über die Grausamkeiten des Filmbetriebes zu machen und dessen Rücksichtslosigkeiten und korrumpierende Wirkungen darzustellen.

Kapitel 2:
Wie mache ich aus meiner Idee ein schutzfähiges Werk?

Das Urheberrechtsgesetz beschreibt in § 2 Absatz 2 die Erfordernisse kurz und knapp:
»Werke im Sinne dieses Gesetzes sind nur persönliche geistige Schöpfungen.«
(Aufgepasst: Wenn im Urheberrechtsgesetz der Begriff »Werk« verwendet wird, ist damit »urheberrechtlich geschütztes Werk« gemeint.)

Nicht sehr aussagekräftig, die Definition des Gesetzgebers. Klar ist aber, dass individuelle Kreativität verlangt wird. Das heißt in der Praxis:

Formulieren Sie Ihre Idee aus

Dies gilt einerseits für die Geschichte und andererseits für die darin vorkommenden Charaktere. Je detaillierter Sie Ihre Ideen ausformulieren, desto besser.

Bei einem *Exposee für einen Spielfilm* sollen niedergelegt sein:
*   die wichtigsten Handlungsstränge,
*   die Charaktere, ihre Eigenheiten und ihr Beziehungsgeflecht, ihre Motive und Konflikte
*   das Milieu.

Auch ein einzelner Charakter kann urheberrechtlich geschützt sein. Vorausgesetzt, er wird differenziert beschrieben. Die Figur sollte eine eigenständige Funktion haben und sich durch verschiedene Charaktermerkmale deutlich von anderen, austauschbaren Handlungsträgern unterscheiden, und sie muss einen

Namen haben. Das hat zum Beispiel der Urheber von Sherlock Holmes, Conan Doyle, vortrefflich gelöst. Eine unveränderte Übernahme einer Figur wie Sherlock Holmes mit seinem Namen, seinen Charakterzügen, seinem Aussehen und seinem Milieu sind für das gleiche Genre grundsätzlich nicht erlaubt.

Bei einem *Konzept für einen Dokumentarfilm* sind folgende Kriterien wichtig:
* eingehende Konkretisierung des Themas (was soll auf welche Art gezeigt werden),
* ins Einzelne gehende Angaben über den Aufbau des Filmes,
* einzelne Aufnahmeobjekte und ihre technische Erfassung.

Es kommt dabei nicht auf die Länge des Textes an. Wichtig sind die Inhalte. Auch ein Exposee von einer Seite kann Urheberrechtsschutz genießen. Das zeigt folgende Gerichtsentscheidung[2]:

Geplant war ein Lehrfilm, und der Kläger hatte dafür eine Handlungsskizze von einer Seite Länge verfasst. Die genügte dem Bundesgerichtshof. Das Exposee genießt Urheberrechtsschutz, so die Richter. Sie begründeten dies unter anderem so: »Das Exposee des Klägers umfasst zwar nur eine Schreibmaschinenseite. In ihm findet aber der Gedanke, durch einen Lehrfilm den Autofahrer für die Probleme der Straße zu interessieren, bereits eine eingehende Konkretisierung. Dabei sind nicht nur ins Einzelne gehende Angaben über den Aufbau des Filmes, sondern auch über die einzelnen Aufnahmeobjekte und ihre technische Erfassung (z.B. durch Trickaufnahmen) gemacht worden.« Das Exposee enthalte daher genügend formbildende Elemente für die spätere Ausgestaltung des Filmes, um urheberrechtlich geschützt zu sein.

Trotzdem gilt: Schreiben Sie detailliert, mehr ist hier besser als weniger.
Und: Je origineller die Idee, desto leichter wird die Schwelle zum Urheberrechtsschutz überschritten. Je weniger originell, umso detaillierter müssen die Ausarbeitungen sein.

Schreiben Sie etwas Neues und Eigentümliches

Bekannte und gängige Grundmuster genießen keinen Schutz. Die zentralen Prüfsteine des Urheberrechtsschutzes heißen Originalität und Innovation. Sie sind in der Praxis die größte Hürde. Geben Sie Ihrem Werk individuelle Züge, machen Sie es unverwechselbar. Dabei geht es nicht um eine objektive Neuheit. Eigenart wird gefordert. »Eigentümliche Wirkung« und »eigenpersönliche Prägung« sind auch die Schlüsselwörter des Bundesgerichtshofes[3], der bereits im Jahre 1959 Anhaltspunkte für die Abgrenzung der Idee von einem schutzfähigen Werk gegeben hat. Zwar ging es hier um Teile aus einer Operette, die Grundsätze der Entscheidung gelten aber auch im Filmbereich. Geprüft wurde die Schutzfähigkeit einzelner Teile der betroffenen Operette mit dem Titel »Gasparone«.

> Die Richter führten zur Abgrenzung aus: Wenn auch die bloße Idee als allgemeine Anregung nach der herrschenden Ansicht nicht schutzfähig ist, so kann doch schon die Einfügung eines bestimmten Einfalls in einen Handlungsablauf unabhängig von der Wortgestaltung im Einzelnen Urheberrechtsschutz erlangen, ebenso wie der Gang der Handlung mit seinen dramatischen Konflikten und Höhepunkten, die Akt- und Szenenführung, also die Gliederung und Anordnung des Stoffes, sowie die Rollenverteilung und Charakteristik der handelnden Personen Schutz genießen können. Denn in all diesen Einzelheiten handelt es sich um gestaltete Bestandteile und formbildende Elemente eines bestimmten Werkes, denen dann Schutz gebührt, wenn sie eine eigenpersönliche Prägung aufweisen. Selbst die Einarbeitung gemeinfreien Geistesgutes in einen bestimmten Zusammenhang kann urheberrechtswürdig sein, wenn dadurch eine neue eigentümliche Wirkung erzielt wird. An der eigenpersönlichen Prägung und damit an der Voraussetzung eines Urheberrechtsschutzes fehlt es hingegen meist dann, wenn es sich um längst bekannte und häufig wiederkehrende Einfälle handelt, wie sie namentlich in Operettenlibretti üblich sind. Insoweit kommt allenfalls ein Schutz für die individuelle sprachliche Formgebung oder die eigenartige Einordnung in einen bestimmten Zusammenhang in Betracht.

Das heißt, Ihr Buch muss sich von den bekannten und gängigen Grundmustern abheben. Wird nur Bestehendes wiederholt oder umformuliert, fehlt diese Einzigartigkeit. Das heißt aber nicht, dass ein bestimmtes Thema nicht mehrmals verfilmt werden kann. Es muss jedoch der individuelle Geist des Autors zum Ausdruck kommen. Nicht individuell ist, was jeder andere genauso machen würde. Hierzu ein Beispiel aus der Praxis:

> Das Oberlandesgericht München[4] hatte über die Schutzfähigkeit folgender Szene zu urteilen: In einem Exposee war die Darstellung eines Festes um 1850 mit »Walzer, Krinolinen, Fröhlichkeit und Uniformen« beschrieben. Nichts Neues, befand das Gericht. Solche Szenen gäbe es schon seit Jahrzehnten in Filmen. Von einer geistigen Schöpfung könne daher nicht die Rede sein.

Andererseits kann ein Exposee für einen Dokumentarfilm etwa über Johann Wolfgang von Goethe durchaus schutzfähig sein, auch wenn es bereits zahlreiche solcher Dokumentationen gibt. Denn Sie haben ungeahnt viele verschiedene Möglichkeiten, das Thema zu bearbeiten. Beispielsweise kann ein Konflikt oder ein bestimmter Höhepunkt aus dem Leben Goethes im Zentrum des Filmes stehen. Der Stoff kann neuartig gegliedert und geordnet werden. Soweit aber lediglich die wichtigsten Stationen aus Goethes Leben aufgezählt werden, folgt das einem bekannten und nahe liegenden Grundmuster. Ein solches Exposee würde die Schwelle zum Urheberrechtsschutz wahrscheinlich nicht überwinden.

Das heißt natürlich nicht, ein Exposee sei nur dann geschützt, wenn die Handschrift des Urhebers zu erkennen ist. Das wäre praxisfern. Denn wenn der Autor von einer Sendeanstalt etwa die Aufgabe bekommt, sein Werk zu »pilcherisieren«, so kann es nach dieser Überarbeitung trotzdem Urheberrechtsschutz genießen. Solange Sie eigenen Gestaltungsraum haben und nutzen, kann das Exposee individuellen Charakter erhalten und damit schutzfähig sein. Denn auch einfache, äußerst geringe geistige Schöpfungen (wird von Juristen »Kleine Münze« genannt) sollen nach dem Urheberrecht geschützt sein – jedenfalls bei literarischen Werken, zu denen Exposee, Treatment oder Drehbuch zählen. Was eine solche »äußerst geringe geistige Schöpfung« darstellt, entscheiden im Zweifelsfall die Gerichte!

Fazit

Geben Sie ein möglichst ausführliches Exposee oder Treatment oder auch das fertig gestellte Drehbuch an Interessenten. Denn – auch wenn sich dies im ersten Moment paradox anhört – je mehr Inhalt Ihr Exposee oder Treatment aufweist, umso schwerer machen Sie es einem möglichen Ideenklauer.

»Miss Piggy: ›Warum erzählen Sie mir das alles?‹
Lady Holiday: ›Es steht im Drehbuch – irgendwo muss es gesagt werden!‹«

aus: Jim Hensons »Der große Muppet-Coup«, zitiert nach »Making Of ... rororo Sachbuch Band 1, Hamburg 1996, Seite 71

Kapitel 3:
Wie entsteht Urheberrechtsschutz?

Entstehung des Schutzes

Ihr Urheberrecht entsteht sozusagen automatisch, indem Sie Ihren Stoff formulieren. Haben Sie ein Drehbuch geschrieben, so sind Sie dessen Urheber und es ist nach den Vorschriften des Urheberrechtsgesetzes geschützt. Für die Entstehung des Schutzes genügt es unter Umständen sogar, dass Sie die Geschichte ausführlich einem anderen erzählen. Denn es kommt auf die »Wahrnehmbarkeit durch menschliche Sinne« an. Wenn Sie einem Produzenten eine Geschichte, die Sie noch nicht aufgeschrieben haben, ausführlich pitchen, kann diese Geschichte mit Ihnen als Urheber geschützt sein. Falls es später zum Streit um die Geschichte kommt, etwa weil der Produzent Ihre Geschichte oder Teile Ihrer Geschichte von einem anderen Autor hat schreiben lassen, müssen aber Sie beweisen, dass Sie genau diese Geschichte dem Produzenten erzählt haben. Und dafür brauchen Sie (mindestens) einen Zeugen.

Ist eine Registrierung meines Urheberrechts erforderlich?

Es sind weder Registrierung noch sonstige Förmlichkeiten erforderlich.

Welche Bedeutung hat die sogenannte »Urheberrolle« beim Marken- und Patentamt?

Zwar gibt es beim Patentamt eine sogenannte »Urheberrolle«, diese dient aber allein der Eintragung des wirklichen Namens des Urhebers, der sein Werk unter Pseudonym oder anonym veröffentlicht.

Bietet der Copyrightvermerk zusätzlichen Schutz?

In Deutschland ist der Urhebervermerk nicht Voraussetzung für den Schutz, denn Urheberrechtsschutz entsteht allein durch die Schaffung Ihres Buches. Aber er bewirkt doch eine gewisse Warnfunktion für den Empfänger: Sie verdeutlichen damit, dass Sie für Ihr Werk Schutz in Anspruch nehmen.

Der Vermerk kann z.b. folgendermaßen aussehen:

»Alle Rechte bei *Name, Monat, Jahreszahl*«

Ist eine Hinterlegung bei einem Anwalt oder Notar erforderlich?

Die Hinterlegung bewirkt keinen zusätzlichen Urheberschutz. Wenn Sie Ihr Buch aber bei einem Notar oder Anwalt hinterlegt haben, so ist im Streitfall Ihre Beweislage einfacher. Denn der Notar oder Anwalt kann bestätigen, dass er das betroffene Buch an einem bestimmten Tage von Ihnen erhalten hat. Zusätzlich kann bei einem Notar eine sogenannte Prioritätsverhandlung durchgeführt werden. Sie hinterlegen dabei Ihr Manuskript und versichern dem Notar gegenüber an Eides statt, dass Sie das Werk selbst geschaffen haben. Es liegt dann eine notarielle Urkunde vor.

Kann ich das Manuskript zum Schutz auch an einen Freund senden?

Sich selbst oder einem Freund einen versiegelten Umschlag mit dem Werk zu senden, ist problematisch. Hier kommt man leicht in Beweisnot. Im schlimmsten Fall muss man vor Gericht belegen, dass Umschlag und Klebstoff fälschungssicher sind und der Aufbewahrungsort für andere unzugänglich war. Das wird meist nicht gelingen.

Hilft eine Vertraulichkeitsvereinbarung?

Redakteure von Sendern haben für sogenannte Vertraulichkeitsvereinbarungen bislang kein Verständnis. Gelegentlich gelingt es aber, eine solche Vereinbarung mit einem Produzenten zu schließen. Grundsätzlich ist es nur in äußersten Ausnahmefällen zu empfehlen, auf den Abschluss eines solchen Vertrages zu drängen. Maßgeblicher Inhalt einer Vertraulichkeitsvereinbarung ist die Verpflichtung des Redakteurs oder Produzenten, das ihm übergebene Exposee oder

Drehbuch vertraulich zu behandeln, sich insbesondere nicht von dem Material zu trennen und es keinem Dritten zukommen zu lassen. Weiterhin ist eine Vertragsstrafe zu vereinbaren, falls gegen die Geheimhaltungspflicht verstoßen wird oder der Inhalt des Exposees oder Drehbuchs ohne Einbeziehung des Autors verwirklicht wird.

Da es sich hier auch juristisch um einen sensiblen Bereich handelt, sollten Sie sich vor Abschluss einer Vertraulichkeitsvereinbarung beraten lassen.

> »Es gibt keinen Film, es gibt überhaupt gar nichts in unserer Branche, bevor das Drehbuch geschrieben ist.«
> *William Goldman, in:»Movie Business Book«, (Deutsche Ausgabe) Köln 1995, Seite 93*

Kapitel 4:
Wie weit reicht der Schutz von Exposee, Treatment und Drehbuch?

1. Schutzumfang bei einem fiktiven Stoff

Im Hinblick auf den Urheberrechtsschutz eines ausführlichen und detaillierten Exposees, Treatments oder Drehbuches für einen Kino- oder Fernsehfilm gibt es fast nie Probleme. Ist ein Mindestmaß an Originalität und konkreter Ausformung erreicht, genügt das für den Schutz.

Bei einem fiktiven Stoff sind dabei geschützt:
- die Inhalte
- die konkrete Form, in die die Geschichte gebracht wurde.

Die Inhalte

In Ihrem Exposee, Treatment oder Drehbuch haben Sie (natürlich) den Gang der Handlung, Ort und Zeit der Handlung, die Personen mit ihren Charaktermerkmalen, ihren Beziehungen, ihrer Umgebung, etc. niedergelegt. All diese Inhalte können Urheberrechtsschutz genießen. Entnehmen Sie dies nachfolgender Entscheidung, in der sich der Bundesgerichtshof[5] ausführlich mit dem Schutz von Inhalten des Romans »Dr. Shiwago« beschäftigt hat. Diese Ausführungen gelten auch für Exposees, Treatments oder Drehbücher.

In dem Rechtsstreit, der den Roman »Dr. Shiwago« von Boris Pasternak zum Gegenstand hatte, äußerte sich der Bundesgerichtshof im Jahre 1999 ausführlich zum Fabelschutz:

Der Roman war 1957 von einem italienischen Verlagsunternehmen veröffentlicht worden. 1958 war er in den USA erschienen und 1965 wurde »Dr. Shiwago« von einer amerikanischen Filmgesellschaft verfilmt.

Unter dem Pseudonym Alexander Mollin schrieb ein englischer Rechtsanwalt als Fortsetzung von »Dr. Shiwago« einen Roman mit dem Titel »Lara's Child«. Aufgrund einer Anfrage erfuhr er, dass der in Moskau lebende Sohn von Pasternak dem Vorhaben nicht zustimme. Dennoch veräußerte Mollin die Rechte an »seinem« Roman »Lara's Child« an einen englischen Verlag zur weltweiten Nutzung. Im Jahre 1994 erschien der Roman auch in Deutschland in deutscher Übersetzung unter dem Titel »Laras Tochter«. Gegen diese Veröffentlichung in Deutschland klagte der italienische Verlag mit der Begründung, dass durch die Veröffentlichung des Romans »Laras Tochter« in die Rechte an dem ursprünglichen Werk mit dem Titel »Dr. Shiwago« eingegriffen werden würde.

Die Richter nahmen sich die Inhalte beider Romane vor und stellten fest, dass Mollin die in dem ursprünglichen Roman »Dr. Shiwago« zu findenden Handlungsfäden in linearer Fortschreibung aufgenommen und – bei allen Unterschieden, die sich naturgemäß ergäben, wenn sich zwei grundverschiedene Autoren desselben Themas annähmen – im Sinne der Vorlage weitergesponnen habe. »Laras Tochter« habe als Disposition fast alle Teile der Handlung von »Dr. Shiwago« verwendet, die sich für eine Fortsetzung eigneten. Dies gelte insbesondere für *das Schicksal der Hauptpersonen*.

Mollin habe von Pasternak aber nicht nur die Personen seines Romans übernommen, sondern auch *ihre Umgebung und das Beziehungsgeflecht, das diese Personen verbindet*. In erster Linie sei dabei die Person der Lara zu nennen, die der Leserschaft des »Dr. Shiwago« als die große Liebe von Juri Shiwago in lebendiger Erinnerung sei. Zwar lasse sich die in »Laras Tochter« erzählte Geschichte mit einigen anfänglichen Schwierigkeiten auch dann verstehen, wenn man »Dr. Shiwago« nicht gelesen habe. Die Gestalt der Lara werde gleichwohl mit ihren in »Dr. Shiwago« beschriebenen Fassetten und ihrer dort erzählten Geschichte als Persönlichkeit vorausgesetzt. Auch die Ehe von Lara mit Pawel Antipow gehöre zu den in »Laras Tochter« vorausgesetzten Gegebenheiten. Besonders mit den weiblichen Hauptpersonen Tonja und Lara und dem zwischen ihnen bestehenden Spannungsfeld habe »Laras Tochter« einen zentralen Teil der Fabel aus »Dr. Shiwago« aufgenommen.

Nach den einzelnen Charakteren führte das Gericht nun zu den *Schauplätzen*. Mollin übernehme aus »Dr. Shiwago« für einige Kapitel die Schauplätze der Handlung, etwa die Stadt Jurjatin und das in deren Nähe gelegene Gut Warykino. Mollin führe den Leser dorthin zurück und lasse ihn Personen begegnen, die er bereits aus »Dr. Shiwago« kenne, so etwa Mikulizyn und Galiullin.

Auch die Art und Weise wie Mollin den übernommenen Stoff mit der zu erzählenden Fortsetzung verknüpft habe, zeige, dass es sich bei»Laras Tochter« um eine lineare Fortschreibung von »Dr. Shiwago« handle. »Laras Tochter« beginne nicht erst dort, wo »Dr. Shiwago« ende. Vielmehr seien die Erzählstränge in der Weise ineinander verwoben, dass die beiden Handlungen noch eine Reihe von Jahren nebeneinander herliefen. *Dabei stimmten auch Einzelheiten der Szene und des Erzählstils, wie der Übergang zur Ich-Form, überein.*

Das Gericht ging aber auch auf die in »Dr. Shiwago« geschaffene *Romanwelt* ein. *Als Romanwelt bezeichneten die Richter die handelnden Personen, das Geflecht ihrer Beziehungen untereinander, ihre gesamten Lebenssituationen bis hin zu Schauplätzen, an denen sich in »Dr. Shiwago« entscheidendes Geschehen abspielt.* Diese dichterische Welt aus dem Roman sei in »Laras Tochter« nicht nur als Folie verwendet worden, vor der eine von Beginn an vollständig neue Handlung in Szene gesetzt wird. »Laras Tochter« sei vielmehr in den Handlungssträngen so geschickt mit »Dr. Shiwago« verknüpft, dass der Leser vom Autor in den Anfangskapiteln weiter in der Romanwelt dieses Werkes geführt werden könne. Dazu habe der Kunstgriff gedient, dass »Laras Tochter« mit der besonders bewegenden Schlittenszene aus »Dr. Shiwago« einsetzte, in der auch noch der im Gutshaus Warykino zurückbleibende Shiwago von weitem auf der Vortreppe des Hauses zu sehen sei.

Abschließend fasste das Gericht zusammen: Bei einem Roman als Werk der Literatur im Sinne des §2 Abs. 1 Urheberrechtsgesetz ist nicht nur die konkrete Textfassung oder die unmittelbare Formgebung eines Gedankens urheberrechtlich schutzfähig. Auch eigenpersönlich geprägte Bestandteile und formbildende Elemente des Werkes, die im Gang der Handlung, in der Charakteristik und Rollenverteilung der handelnden Personen, der Ausgestaltung von Szenen und in der »Szenerie« des Romans liegen, genießen Urheberrechtsschutz. Dem deutschen Verlag wurde untersagt, den Roman »Laras Tochter« zu veröffentlichen und zu verbreiten. Sogar der Vernichtungsanspruch im Hinblick auf die bereits gedruckten Bücher wurde von den Richtern als begründet erklärt.

Zwei Einschränkungen gibt es allerdings: Nur Ihre eigenen schöpferischen Leistungen können geschützt sein. Schutzunfähig sind deshalb diejenigen Inhalte Ihres Manuskripts, die Sie nicht selbst geschaffen, sondern übernommen haben, etwa tatsächliche Ereignisse, historische Geschehnisse oder Ausschnitte aus den Werken anderer Autoren. Dies versteht sich eigentlich von selbst. Die zweite Einschränkung betrifft weltanschauliche Theorien, Glaubenslehren, politische und wirtschaftliche Programme und dergleichen. Solche Inhalte sind auch dann nicht geschützt, wenn Sie selbst eine solche Theorie oder Lehre erdacht haben! Begründet wird dies mit der Freiheit des geistigen Lebens. Diese fordert, dass Gedanken und Lehren in ihrem Kern, ihrem gedanklichen Inhalt, in ihrer politischen, wirtschaftlichen oder gesellschaftlichen Aussage Gegenstand der freien geistigen Auseinandersetzung bleiben.

Die Form

Die konkrete Textfassung und die unmittelbare Formgebung sind grundsätzlich urheberrechtlich geschützt.

2. Schutzumfang bei einem dokumentarischen Stoff

Bei einem dokumentarischen Stoff kann der Inhalt nicht geschützt werden. Denn hier wird aus der Wirklichkeit erzählt und tatsächliches Geschehen kann keinen Schutz genießen. Voraussetzung für Urheberrechtsschutz ist immer eine persönliche geistige Schöpfung. Bei einem dokumentarischen Stoff kann aber *die Form*, also die konkrete Art und Weise, wie der dokumentarische Stoff aufbereitet wird, geschützt sein. Dies ist einer grundlegenden Entscheidung des Bundesgerichtshofes[6] aus dem Jahre 1953 zu entnehmen:

> Das Gericht hatte dort über die Schutzfähigkeit des Naturfilms »Lied der Wildbahn« zu befinden. Die Richter bejahten die Schutzfähigkeit und begründeten dies wie folgt:»Die Eigenart eines Kulturfilmes wie »Lied der Wildbahn«, der sich zur Aufgabe gesetzt hat, die Lebensweise von Tieren in der freien Wildbahn nach einer bestimmten Gestaltungsidee wiederzugeben, kann insbesondere in der Auswahl der besonders charakteristischen Lebensformen des Wildes aus der Fülle der sich bietenden Beobachtungen liegen wie auch in der Wahl des Hintergrunds sowie des gesamten Bildrahmens und der zeitlichen Folge der einzelnen Bildmotive.«

3. Können einzelne Teile geschützt sein?

Auch kleine Teile, etwa eine Szene in einem Exposee, Treatment oder Drehbuch können geschützt sein. Voraussetzung ist, dass der Ausschnitt eine persönliche geistige Schöpfung darstellt. Die Szene muss also eine individuelle Gestaltung erkennen lassen. Es gilt auch hier: Je origineller und individueller der Ausschnitt ist, desto leichter wird die Schwelle zum Urheberschutz überschritten. Eine einzelne Idee aus Ihrem Buch ist aber frei und genießt keinen Schutz.

> »Why do some insist upon writing even though they know it will lead them to drink, divorce, or even insanity? Why try to become a screenwriter? Why bother when it`s just so much easier to watch TV or go to the movies? *Why write?*«
>
> *Richard W. Krevolin in »Screenwriting from the Soul«, Los Angeles 1998, Seite 20*

Kapitel 5: Formatschutz

Mit erfolgreichen Shows und Serien erreichen Fernsehsender zum Teil erhebliche Einschaltquoten – und das bei relativ niedrigen Produktionskosten. Das beste Beispiel hierfür ist die Quizsendung »Wer wird Millionär« mit Günter Jauch auf RTL, die in Spitzenzeiten eine Quote von mehr als 12 Millionen Zuschauern erzielte. Aber auch Serien wie »Traumschiff« oder »Lindenstraße« stehen in der Gunst des Publikums ganz oben.

Diese Fernsehprodukte haben einen gemeinsamen Nenner: Jede einzelne Folge ist in einem vorgegebenen und dem Zuschauer bereits bekannten Rahmen, dem sogenannten Format, eingebettet.

An den Versuchen, gänzlich neue Formate erfolgreich zu etablieren, sind allerdings bereits zahlreiche Sender gescheitert. Daher hat sich einerseits ein Handel mit Formatrechten entwickelt, bei dem der Lizenznehmer das Recht erwerben kann, auf Grundlage des gesamten, bereits erprobten Erscheinungsbildes, des Sound-Designs, des genau festgelegten Handlungsablaufs und anderen vorgegebenen Gestaltungsmerkmalen eigene Folgen zu produzieren. Andererseits sind zahlreiche Sender auf die Idee gekommen, Erfolg versprechende Formate einfach abzukupfern. Bestes Beispiel sind derzeit die zahlreichen Castingshows, die in den öffentlichen wie privaten Sendeanstalten nach dem unerwartet großen Erfolg von »Deutschland sucht den Superstar« zu sehen sind.

1. Showformate

Ein Fernsehshowformat beinhaltet insbesondere die Showidee, den festgelegten Handlungsablauf, das Erscheinungsbild einschließlich Bühnenbau, bestimmte Moderationsvorgaben, das Sound-Design, den Vorspann, den Sendeablauf, den Titel und das Logo.

Haben Sie als Autor ein Format entwickelt, so wird es sich um eine niedergeschriebene Präsentation handeln, in der insbesondere die Showidee, der Handlungsablauf und ein Titel aufgeführt sind, also die wichtigsten Teile des späteren Gesamtformates.

Der im folgenden Beispiel betroffene Autor hatte nicht nur eine schriftliche Präsentation erstellt. Er hatte sogar eine Pilotfolge selbst produziert. Auch das schützte ihn nicht vor der Nachahmung durch einen bekannten Privatsender. Sein Versuch, sich mit gerichtlicher Hilfe dagegen zu wehren, blieb ohne Erfolg.

Im Jahre 1995 hatte ein Autor ein Konzept für eine Game-Show entwickelt und den Piloten für die Show unter erheblichem Kostenaufwand selbst produziert. Das 23-seitige Manuskript zum Format, welches er »Augenblix« nannte, sowie den Piloten präsentierte er im März 1996 dem Sender SAT 1. Dieser aber lehnte ab. Der Autor staunte nicht schlecht, als ab Ende 1998 täglich bei eben diesem Sender eine Game-Show lief, die den Autor in erheblichem Maße an sein Konzept erinnerte.

Der Autor stellte einen Antrag auf Erlass einer einstweiligen Verfügung beim Landgericht München. Vom Landgericht abgewiesen ging der Fall an das Oberlandesgericht München[7]. Hier zeigte der Autor zunächst die Übereinstimmungen der beiden Show-Formate auf. Nach Angaben des Autors hätte SAT 1 ein in wesentlichen Teilen gleiches Werk geschaffen. Die Grundelemente wären leicht verfremdet, aber nicht neu »komponiert«. Der Autor machte eine Aufstellung für das Gericht, in der er die Show-Elemente einzeln gegenüberstellte.

Hier ein Auszug: Bei beiden Shows müssen die Kandidaten Sujets aus Werbespots erraten. Beide Sendungen beginnen mit einem Auge als Erkennungszeichen. Übereinstimmend folgt dann eine Rate-Runde, bei der die Kandidaten erkennen müssen, um welches Produkt es sich handelt. In einem später folgenden »Erinnerungsspiel« müssen in beiden Shows verschiedene, schnell angespielte Spots erkannt werden, wobei sich die Kandidaten bei Spot-on an Details aus den Werbespots erinnern müssen. Weiter folgt bei beiden Sendungen eine Spielvariante mit ausländischen Spots, eine Musik-Runde, in der Werbemelodien zu erkennen sind, ein Aufruf zum Mitspielen. Wer die jeweilige Lösung weiß, hat in beiden Formaten möglichst schnell einen Knopf zu drücken.

SAT 1 und die Produzentin von »Spot-on« sahen die Sache natürlich ganz anders: Da es sich hier um ein Fernsehratespiel handle, das sich ausschließlich mit Werbespots befasse, würden sich geradezu zwangsläufig Ähnlichkeiten im Programmablauf ergeben. Maßgeblicher Unterschied zwischen den beiden Sendungen aber sei die Dauer: »Augenblix« sei auf eine Länge von 26 Minuten konzipiert, »Spot-on« aber nur auf 5 Minuten. In der Show »Augenblix« würden daher eine ganze Reihe weiterer Merkmale auftauchen, die in »Spot-on« fehlten. Auch die Aufmachung und Ausgestaltung von »Spot-on« – gerade durch die virtuelle Moderatorin – seien völlig anders als in »Augenblix«. Insbesondere aber würden die aus »Augenblix« dargestellten Merkmale in vielen bereits bestehenden Game-Shows zu sehen sein.

Das Gericht machte sich nun selbst ein Bild, indem es die beiden Shows ansah. Danach kam es zu folgendem Ergebnis:

Dem Show-Konzept »Augenblix« wurde als Ganzes urheberrechtlicher Schutz zugesprochen. Den von SAT 1 bzw. der Produzentin von »Spot-on« aus »Augenblix« übernommenen Teilen aber sprach das Gericht den Urheberrechtsschutz ab. Das heißt, der Autor genießt im Hinblick auf die aus seinem geschützten Gesamtkonzept übernommenen Einzelteile keinen Schutz und kann demnach nichts gegen die Übernahme tun.

Als Begründung führt das Gericht aus, dass die Spielvarianten, die in »Augenblix« und in »Spot-on« übereinstimmen, gängige Grundmuster für Ratespiele im Fernsehen seien. Ein »gängiges Grundmuster« genießt aber keinen Urheberrechtsschutz. Nun ging das Gericht jede der einzelnen Übereinstimmungen durch. Hier nur ein Auszug: Die »Rate-Runde«, die in beiden Shows übereinstimmend vorkommt, sei eine banale Spielidee, der jede Eigenart fehle. Bei dem Erinnerungsteil, welcher in »Spot-on« als »Recalltext« bezeichnet wird, läge die Ähnlichkeit allein darin, dass die Merkfähigkeit der Kandidaten auf die Probe gestellt werde – auch dies ein gängiges Muster solcher Shows. So oder ähnlich kanzelte das Gericht sämtliche übereinstimmenden Merkmale ab. Schließlich betonten die Richter auch die kurze Sendezeit von »Spot-on«. Während es bei »Augenblix« zu einem Smalltalk zwischen Moderator und Kandidaten kommen kann, reicht es bei der nur 5-minütigen Dauer von »Spot-on« und vor allem wegen der virtuellen Moderatorin nur zu einem verbrämten Abspielen von Werbespots.

2. Serienformate

In einem Serienformat werden üblicherweise die Charaktere, der geographische und atmosphärische Hintergrund und die Grundzüge der Handlung für den Piloten und die erste Staffel niedergelegt. Zwar besteht Einigkeit darüber, dass ein solches Serienformat grundsätzlich schützbar sein kann, wann diese Voraussetzungen gegeben sind, entscheidet im Streitfalle und für jeden Einzelfall gesondert das angerufene Gericht.

Ausgangspunkt ist auch hier die Frage, ob es sich bei dem Format um eine (nicht schützbare) Idee oder um ein (grundsätzlich schutzfähiges) Konzept handelt. Wie bereits im Kapitel »Schutz der Idee« beschrieben, basiert der Ausschluss von Ideen aus dem urheberrechtlichen Schutz auf einer rechtspolitischen Entscheidung. Ideen sollen nicht monopolisiert werden, da sonst ganze Genres, Stilmittel oder Werkgattungen dem freien Zugriff anderer Schöpfer entzogen würden. Immer wieder ist dem entgegengehalten worden, dass sich ein Film oder eine Serie ohne die zugrunde liegende Idee gar nicht realisieren ließe und die Idee für sich genommen häufig bereits einen kommerzialisierbaren Wert darstelle. Es bleibt jedoch dabei, auch im Bereich der Serie sind Ideen nicht geschützt. Schutz wird aber dann gewährt, wenn die Grundelemente des Formates eingehend konkretisiert sind. So genügt es bei der Personenbeschreibung nicht, die Charaktere der Figuren nur anzudeuten. Erforderlich ist vielmehr, dass eingehende und differenzierte Ausführungen zur Biografie, der Psyche, der Bildung, dem Beziehungsgeflecht der jeweiligen Person gemacht werden. Auch reicht es nicht aus, nur anzudeuten, welche Konflikte in der Serie thematisiert werden sollen. Vielmehr sind ins Einzelne gehende Angaben gefordert, etwa auf welche Art und Weise eine Auseinandersetzung mit dem betroffenen Thema oder Konflikt erfolgen soll.

Wie hoch die Anforderungen der Gerichte dabei sind, zeigt folgende Entscheidung:

Zwei Autoren hatten gemeinsam ein Exposee für eine Fernsehserie mit dem Titel »Forstrevier Alpsee« verfasst. Im Mittelpunkt der Serie sollte ein verwitweter Förster mit zwei erwachsenen Kindern stehen. Als weitere Charaktere sind ein staatlicher Förster und ein hoch engagierter Naturschützer beschrieben. Eine tragende Rolle spielt auch ein Adelshaus und die Drehorte in einer überwältigenden bayerischen Alpenlandschaft. Neben den schönen Seiten sollten auch die Probleme und Nöte des Försters zur Sprache kommen, etwa der Konflikt Rentabilitäts-Ökologie und Waldprobleme.

Dieses Exposee sandten die Kläger an eine Filmproduktion sowie an verschiedene Redaktionen eines Fernsehsenders. Die Redaktionen sowie die Filmproduktion lehnten ab. Zwei Jahre später jedoch gab eben dieser Fernsehsender bei eben dieser Filmproduktion eine aus einem Pilotfilm und 13 Sendefolgen bestehende Fernsehserie mit dem Titel »Forsthaus Falkenau« in Auftrag.

Daraufhin klagten die Autoren gegen die Sendeanstalt. Sie machten geltend, dass das der Fernsehserie zugrunde liegende Konzept zahlreiche Gemeinsamkeiten mit dem von ihnen geschaffenen Format aufweise. Die Sendeanstalt verletze dadurch, dass sie eine auf ihrem Exposee basierende Serie realisiere, ihre Urheberrechte und sei daher zum Schadensersatz verpflichtet.

Die Kläger sahen Gemeinsamkeiten vor allem in folgenden Einzelheiten: Im Mittelpunkt der vom Sender realisierten Serie stehe ein verwitweter Förster mit drei Kindern; auch er habe mit Umweltfragen, dem Waldsterben und ökologischen Problemen zu tun. Weitere Parallelen ergäben sich insbesondere daraus, dass auch bei »Forsthaus Falkenau« ein Adelshaus eine tragende Rolle spiele und dass auch hier eine überwältigende bayerische Landschaft als Hintergrund diene.

Die Sendeanstalt hat dagegen vorgetragen, dass die gesamte Entwicklung und Konzeption ihrer Serie von der ersten Idee zum kurbelfertigen Drehbuch unabhängig und unbeeinflusst vom Exposee der Kläger entstanden sei.

Das mit dem Fall in zweiter Instanz befasste Oberlandesgericht München[8] wies die Klage ab. Es kam zu dem Ergebnis, dass die Urheberrechte der Kläger nicht verletzt seien. Die aus dem Exposee der Kläger übernommenen Bestandteile und Handlungselemente seien als nicht schutzfähig anzusehen. Als bloße Handlungsideen stellten die von den Klägern hervorgehobenen Übereinstimmungen nahe liegende, wohl bekannte und gängige Grundmuster für Filme des hier gegebenen Genres dar. Als bloßen Handlungsansätzen fehle diesen Elementen die eigenpersönliche Prägung. Da es an konkret ausgestalteten Einfällen und Ideen im Exposee fehle, seien die Anklänge und Ähnlichkeiten im Werk der Sendeanstalt als freie Benutzung des Konzepts der Kläger zu beurteilen, das der Beklagten lediglich als Anregung gedient habe.

Fazit

Immer wieder haben Autoren und Produzenten wegen Verletzung von Formatrechten geklagt. Im Bereich der *Show*formate immer ohne Erfolg. Auch der Bundesgerichtshof[9] hat dem Schutz von Showformaten inzwischen eine Absage erteilt. Es ging dabei um die Sendung »Kinderquatsch mit Michael«. Der Leitsatz des Bundesgerichtshofs lautet: Das Format für eine Fernsehshowreihe, in dem die Konzeption für eine Unterhaltungssendung mit Studiopublikum ausgearbeitet ist (hier: Gesangsauftritte von kleinen Kindern und Gaststars) ist im Allgemeinen urheberrechtlich nicht schutzfähig.

*Serien*formate können schutzfähig sein. Die Anforderungen, die die Gerichte hierfür stellen, sind jedoch sehr hoch.

Da dieser Zustand für alle Beteiligten, insbesondere die Entwickler von Formaten, äußerst unbefriedigend ist, wurde auf Initiative von Pearson TV auf der MIPCOM 2000 die Organisation FRAPA (Format Recognition and Protection Association, www.frapa.org) gegründet. In der FRAPA, in der sich weltweit bereits zahlreiche Produzenten und Sender zusammengeschlossen haben, wurde ein Verständigungsforum geschaffen, das in Fragen des Formatschutzes juristische Anforderungen in den Hintergrund stellt und sich an den tatsächlichen Gegebenheiten des Marktes orientiert. In einer vereinsmäßig verfassten Schieds- bzw. Mediationsstelle sollen Konflikte schnell, kostengünstig und für die beiden Parteien verbindlich und unanfechtbar geregelt werden. Da die Konfliktlösung durch die FRAPA eine für die Beteiligten freiwillige Angelegenheit ist, ist fraglich, ob sich das Problem »Formatschutz« damit wirklich dauerhaft lösen lässt.

Die FRAPA hat eine »International Paper Format Registry« eingerichtet, bei der Konzepte zu Formaten registriert und archiviert werden. Diese Registrierung bewirkt aber keinen rechtlichen Schutz, sondern soll insbesondere zur Recherche im Hinblick auf bereits vorliegende Formatideen dienen.

»I love the level of civilization we have reached with copyright.«

Walter E. Hurst, »Copyright«, Hollywood 1977, (im Vorwort ix)

Kapitel 6:
Was ist Inhalt meines Urheberrechts als Autor?

Das Urheberrecht soll einerseits den persönlichen Bezug des Urhebers zu seinem Werk – in Ihrem Fall also zu Ihrem Drehbuch – sichern. Andererseits soll es als wirtschaftlicher Anreiz dienen. Es beinhaltet:
1. die Urheberpersönlichkeitsrechte,
2. die Verwertungsrechte.

1. Die Urheberpersönlichkeitsrechte

Die persönliche Verbundenheit des Urhebers mit seinem Werk, also seine ideellen Interessen werden durch die Urheberpersönlichkeitsrechte geschützt. Zu den Persönlichkeitsrechten gehören in erster Linie:
- das Veröffentlichungsrecht (§ 12 UrhG)
- das Nennungsrecht (§13 UrhG)
- Schutz gegen Entstellung (§§ 14/ 93 UrhG)

Wichtig für Sie sind dabei das Recht auf Namensnennung und das Recht, »gröbliche« Entstellungen Ihres Buches verhindern zu können.

Nennungsrecht

Habe ich ein Recht auf Namensnennung im Titel des Films?
Als Drehbuchautor haben Sie ein Recht darauf, im Titel des Films als solcher genannt zu werden. Am besten lassen Sie sich bei Fernseh- und Kinofilmen eine Nennung im Vor- und/oder im Abspann zusichern, soweit möglich im Einzeltitel und gleichberechtigt mit dem Regisseur.

Die Filmhersteller und Sender versuchen häufig, die Rechte auf Nennung durch den Vertrag einzuschränken. So werden Klauseln vorgeschlagen, die bestimmen, dass der Autor in branchenüblicher Weise genannt wird. »Branchenüblich« heißt, dass Sie so genannt werden, wie dies bei Filmen dieser Art gebräuchlich ist. Erfolgen die Namensnennungen bei den Vorabendserien überwiegend seitlich im Rolltitel während der Ankündigung des folgenden Programms, so ist dies dann branchenüblich. Erforderlich ist aber immer, dass die Namen für den Zuschauer auch lesbar sind.

Wer hat kein Recht auf Namensnennung?
Ein Recht auf Namensnennung als Autor hat allein der tatsächliche Autor – auch wenn dies in der Praxis häufig anders gehandhabt wird. Der Produzent, der nur die in wenigen Worten zu beschreibende Idee zum Film hatte, ist nicht Co-Autor. Auch der Regisseur, der eine Regiefassung mit neuen eigenen (urheberrechtlich schützbaren) Inhalten schreibt und sich vom Produzenten eine Titelnennung zusichern lässt, darf streng genommen nur als Bearbeiter, nicht aber als Autor oder Co-Autor genannt werden. Denn Co-Autor ist nur derjenige, der gemeinsam mit dem Autor geschrieben hat. Wer eine bestehende Fassung bearbeitet, ist Bearbeiter.

Der Unterschied zwischen Co-Autorenschaft und Bearbeitung liegt also darin, dass

- bei der Co-Autorenschaft die Zusammenarbeit zur Entstehung des Drehbuches führt,
- bei der Bearbeitung nachträglich an einem bereits bestehenden Buch gearbeitet wird.

Was tun, wenn meine Namensnennung unterbleibt?
Es kommt fast nie vor, dass der Drehbuchautor nicht genannt wird. Falls es doch einmal passiert, haben Sie selbstverständlich einen Anspruch darauf, dass Ihr Name nachträglich eingefügt wird. Gegebenenfalls können Sie Schadensersatz fordern, falls der Film ohne Ihre Nennung veröffentlicht wurde. Dies gilt natürlich nur, wenn Sie nicht vertraglich auf dieses Recht verzichtet haben.

Kann ich die Nennung meines Namens untersagen?
Man kann sogar vertraglich vereinbaren, dass die Nennung völlig unterbleibt. Das ist allerdings nicht ratsam. Denn wenn Ihnen der Film nicht gefällt, der auf Grundlage Ihres Buches hergestellt worden ist, so können Sie später Ihren Na-

men immer noch zurückziehen. Dieses sogenannte Nennungsverbot können Sie zu jeder Zeit geltend machen. Haben Sie also die Befürchtung, dass Ihnen eine Nennung im Titel des hergestellten Filmes mehr schadet als nutzt, können Sie Ihren Namen zurückziehen. Um das problemlos abzuwickeln, sollten Sie geraume Zeit bevor die Titel erstellt werden, beim Produzenten eine DVD mit dem Film anfordern. Nach Sichtung des Filmes sollten Sie dann sofort mitteilen, ob Sie Ihren Namen im Titel haben wollen oder nicht.

Entstellungsverbot

Häufig beklagen sich Autoren, dass sie ihr Buch im Film nicht wiedererkennen. Etwas dagegen unternehmen können sie jedoch nur dann, wenn ihr Drehbuch durch die Verfilmung völlig sinnentstellt wird. Es geht hier also nicht um unwesentliche Veränderungen. Vielmehr muss es sich um eine sogenannte »gröbliche Entstellung« handeln.

Ein solcher Fall von »gröblicher Entstellung« ist Michael Ende mit seinem Roman »Die unendliche Geschichte« passiert, der für die gleichnamige Verfilmung adaptiert worden ist. Bei der Entwicklung des Drehbuches und der entsprechenden Verfilmung durch Wolfgang Petersen kam es zu folgenschweren Änderungen:

Im Roman wird die Hauptfigur der Geschichte, der junge Bastian, durch das Lesen eines aufregenden Buches aus dem Höhepunkt seiner Lebenskrise herausgeführt. Bastian gelangt während des Lesens in seiner Fantasie in das Reich Fantasien, um dieses zu retten. Die Abenteuer, die Bastian dann in Fantasien erlebt, sind bezogen auf die inneren Wünsche und Einstellungen Bastians. Er lernt in einer langen Läuterungs- und Leidensphase, dass ihn seine Wünsche und Träume in die Irre führen; er lernt, sich selbst zu nehmen, wie er ist, und er spürt die Liebe zu seinem Vater.

Im Film wurde die Geschichte abgewandelt: In der Schlussszene wird Bastian von dem Drachen Fuchur im Reich der Fantasien nach einem weiteren Wunsch gefragt. Daraufhin fegen der Drache mit Bastian auf dem Rücken im Tiefflug durch die Straßen von Bastians Heimatstadt und versetzen damit Bastians Schulkameraden in Angst und Schrecken, so dass diese schließlich in eine Mülltonne fliehen. Die Fantasie des Jungen wird damit plötzlich Wirklichkeit. Im Roman war dies aber nicht vorgesehen. Dort sollte es bei den Fantasien des Jungen bleiben.

Das Oberlandesgericht[10] vertrat die Ansicht, dass der Film durch die Schlussszene eine Wendung nähme, die dem Wesen, dem Geist, dem Charakter, der Tendenz des

> Buches völlig zuwiderlaufe. Gegenstand des Romans seien die Auswirkungen inne-
> rer Vorgänge auf den Betroffenen und sein Verhältnis zur Umwelt. Diese Thematik
> sei durch die Schlussszene des Filmes entstellend verfälscht worden. Aus dem Ro-
> man habe der Film eine x-beliebige Fantasy-Geschichte gemacht.
>
> Trotzdem: Die Klage hat Michael Ende verloren. Denn er hatte während der Ent-
> wicklung des Drehbuches einer Fassung schriftlich zugestimmt, die der verfilmten
> Fassung vorausging. Diese Fassung stellte auch eine gröbliche Entstellung seines
> Buches dar. Daher urteilten die Richter hart: Wenn er der einen gröblich entstell-
> ten Fassung ausdrücklich zustimmt, kann er gegen die andere nicht vorgehen. Die
> Richter berücksichtigten dabei nicht nur die Interessen des Schriftstellers, sondern
> zogen auch den erheblichen finanziellen Aufwand des Produzenten in ihre Erwä-
> gungen mit ein.

Hier ein weiteres Beispiel für die gröbliche Entstellung eines Drehbuches:

> Eine Drehbuchautorin hatte ein Kriminalspiel für einen Sender geschrieben. Die
> Fernsehanstalt bzw. der von ihr beauftragte Dramaturg versah das Buch nun mit
> Zitaten von Oscar Wilde, die ihrer Meinung nach völlig unmotiviert an verschiede-
> nen Stellen des Krimis eingefügt wurden. Die Atmosphäre des Drehbuches wurde
> dadurch vollkommen verändert.
>
> Das Kammergericht Berlin[11] entschied eindeutig für die Autorin. Ein solches
> Vorgehen verstoße gegen das Urheberpersönlichkeitsrecht. Es liege eine gröbli-
> che Entstellung vor.

2. Die Verwertungsrechte – Ihr Kapital

Inhaber der Verwertungsrechte ist der Urheber

Wie der Begriff deutlich macht, geben Ihnen die Verwertungsrechte das alleinige
Recht, Ihr Werk zu verwerten, also es wirtschaftlich zu nutzen. Zugleich stellen
diese Rechte sicher, dass es anderen grundsätzlich verboten ist, das Werk ohne
Ihre Einwilligung zu nutzen. Von diesem Grundsatz gibt es einige Ausnahmen,
die sogenannten »Schranken des Urheberrechts«. Dazu gehören etwa das Zitatrecht, das Recht, Vervielfältigungen zum privaten Gebrauch zu erstellen oder die
Tatsache, dass das Urheberrecht zeitlich beschränkt ist, 70 Jahre nach dem Tod

des Urhebers erlischt es. Soweit diese Schranken für Sie in der Praxis Bedeutung haben, sind sie in den folgenden Kapiteln angeführt.

Als Autor können Sie also grundsätzlich bestimmen

* ob
* wann
* wie
* und von wem

Ihr Buch genutzt werden darf.

Im Urheberrechtsgesetz sind in § 15 verschiedene Verwertungsrechte aufgeführt. *Diese Aufzählung ist aber nur beispielhaft und nicht abschließend*, das zeigt die Formulierung »insbesondere« im Gesetz.

In § 15 UrhG heißt es:

§ 15 Allgemeines

1) Der Urheber hat das ausschließliche Recht, sein Werk in körperlicher Form zu verwerten; das Recht umfasst insbesondere

1. das Vervielfältigungsrecht (§16)

2. das Verbreitungsrecht (§17)

3. das Ausstellungsrecht (§ 18)

2) Der Urheber hat ferner das ausschließliche Recht, sein Werk in unkörperlicher Form öffentlich wiederzugeben (Recht der öffentlichen Wiedergabe). Das Recht der öffentlichen Wiedergabe umfasst insbesondere

1. das Vortrags-, Aufführungs- und Vorführungsrecht (§19)

2. das Recht der öffentlichen Zugänglichmachung (§19a)

3. das Senderecht (§20)

4. das Recht der Wiedergabe durch Bild- oder Tonträger (§21)

5. das Recht der Wiedergabe von Funksendungen und von öffentlicher Zugänglichmachung (§22)

3) Die Wiedergabe ist öffentlich, wenn sie für eine Mehrzahl von Mitgliedern der Öffentlichkeit bestimmt ist. Zur Öffentlichkeit gehört jeder, der nicht mit demjenigen, der das Werk verwertet, oder mit den anderen Personen, denen das Werk in unkörperlicher Form wahrnehmbar oder zugänglich gemacht wird, durch persönliche Beziehungen verbunden ist.

Einräumung von Nutzungsrechten

Aufgrund der Ihnen zustehenden Verwertungsrechte können Sie anderen, insbesondere einer Produktionsfirma oder einem Sender die Nutzung Ihres Werkes gestatten, indem Sie sogenannte Nutzungsrechte einräumen. In den Verträgen sind die einzelnen Nutzungsrechte, welche der Produzent von Ihnen erwerben möchte, einzeln aufgeführt. Wenn Sie aber an die seitenlangen Rechteübertragungen denken, die die Produzenten und Sender Ihnen üblicherweise zur Unterschrift vorlegen, wird Ihnen die Anzahl Ihrer Verwertungsrechte im Vergleich dazu sehr klein vorkommen. Das liegt daran, dass die Terminologie in der Praxis nicht der des Gesetzes entspricht. Auch geht es in den Verträgen nicht um die grundlegenden Rechte, die Ihnen zustehen, sondern um all die Nutzungen, die Sie dem Produzenten gestatten sollen. Da der Produzent Ihr Drehbuch nur für die Möglichkeiten nutzen kann, die Sie ihm gestatten, sind in den Verträgen vorsorglich alle Nutzungsrechte aufgeführt, die auch nur im Entferntesten für den Filmhersteller verwertbar sein könnten. Ein Beispiel für einen solchen Rechtekatalog finden Sie im Anhang.

Einräumung von Rechten für unbekannte Nutzungsarten

Bis zum 31.12.2007 war eine Einräumung von Rechten für unbekannte Nutzungsarten nicht möglich. So konnte beispielsweise 1950 niemand Rechte für eine Video-Auswertung übertragen, da diese Nutzungsart zu diesem Zeitpunkt nicht bekannt war. Wollte ein Filmverwerter nun einen solchen Film im Jahre 1980 als Video auswerten, musste er die Rechte sämtlicher Urheber oder gar ihrer Erben nacherwerben.

Durch die Neuregelung des Urheberrechts, gültig ab 01.01.2008 können sich die Verwerter, also etwa die Filmproduzenten, auch die Rechte für unbekannte Nutzungsarten einräumen lassen. Dies muss grundsätzlich schriftlich erfolgen. Der Urheber erhält dann, wenn sein Werk auf die neue, bei Vertragsabschluss noch unbekannte Art genutzt wird, eine angemessene Vergütung.

Während Urheber anderer Kunstgattungen (etwa Maler oder Bildhauer) ein Widerrufsrecht im Hinblick auf diese unbekannten Nutzungsrechte haben, hat sich der Gesetzgeber entschieden, für Urheber von Filmen oder vorbestehenden Werken – wie etwa Drehbüchern – keine Möglichkeit für einen Widerruf zu geben.

Angemessene Vergütung
für die Einräumung von Nutzungsrechten

Die Verwertungsrechte sollen Ihre Beteiligung am wirtschaftlichen Nutzen, der aus Ihrem Buch gezogen wird, sichern. Im Urheberrechtsgesetz ist daher auch geregelt, *dass, wer Ihre Rechte nutzen will, Ihnen eine angemessene Vergütung zu bezahlen hat.* Die entsprechende Regelung findet sich in § 32 UrhG. Dieser lautet:

§ 32. Angemessene Vergütung

1) Der Urheber hat für die Einräumung von Nutzungsrechten und die Erlaubnis zur Werknutzung Anspruch auf die vertraglich vereinbarte Vergütung. Ist die Höhe der Vergütung nicht bestimmt, gilt die angemessene Vergütung als vereinbart. Soweit die vereinbarte Vergütung nicht angemessen ist, kann der Urheber von seinem Vertragspartner die Einwilligung in die Änderung des Vertrages verlangen, durch die dem Urheber die angemessene Vergütung gewährt wird.

2) Eine nach einer gemeinsamen Vergütungsregel (§36) ermittelte Vergütung ist angemessen. Im Übrigen ist die Vergütung angemessen, wenn sie im Zeitpunkt des Vertragsschlusses dem entspricht, was im Geschäftsverkehr nach Art und Umfang der eingeräumten Nutzungsmöglichkeit, insbesondere nach Dauer und Zeitpunkt der Nutzung, unter Berücksichtigung aller Umstände üblicher- und redlicherweise zu leisten ist.

3) Auf eine Vereinbarung, die zum Nachteil des Urhebers von den Absätzen 1und 2 abweicht, kann der Vertragspartner sich nicht berufen. Die in Satz 1 bezeichneten Vorschriften finden auch Anwendung, wenn sie durch anderweitige Gestaltungen umgangen werden. Der Urheber kann aber unentgeltlich ein einfaches Nutzungsrecht für jedermann einräumen.

4) Der Urheber hat keinen Anspruch nach Absatz 1 Satz 3, soweit die Vergütung für die Nutzung seiner Werke tarifvertraglich bestimmt ist.

Es handelt sich hier um eine Regelung, die im Rahmen des neuen Urhebervertragsrechts am 01.07.2002 in Kraft getreten ist. (Näheres hierzu im Kapitel »Das neue Urheberrecht«.).

Bevor ein Produzent Ihr Drehbuch verfilmen kann, benötigt er somit Ihre Einwilligung. Üblicherweise lässt sich der Produzent im Rahmen eines schriftlichen Vertrages alle erforderlichen Rechte übertragen. Aber Vorsicht: Auch ohne ausdrücklichen schriftlichen Vertrag können die Nutzungsrechte auf den Produzenten übertragen werden, nämlich dann, wenn Sie ihm die Verfilmung gestattet haben. Dies kann auch mündlich und ohne ausgehandelten Vertrag geschehen. (Dazu mehr im folgenden Kapitel.) In jedem Fall haben Sie aber Anspruch auf eine angemessene Vergütung für die Übertragung Ihrer Rechte.

Wie aber berechnet sich die »angemessene Vergütung«?
Hierzu folgendes Beispiel: Sie haben einen Vertrag unterschrieben, der eine sehr niedrige Vergütung für Sie vorsieht. Ihr Buch wird abgenommen und verfilmt. Ein Jahr später stellen Sie im Gespräch mit anderen fest, dass Ihre Kollegen für eine ähnliche Arbeit weit mehr Geld erhalten haben als Sie. Hier greift nun das neue Gesetz: Sie haben die Möglichkeit, eine Änderung Ihres Vertrages zu erzwingen. Ihr Anspruch geht auf Zahlung einer angemessenen Vergütung. Als »angemessen« gilt ein Betrag, der zum Zeitpunkt Ihres Vertragsabschlusses üblich und redlich gewesen wäre. Haben z.B. in etwa gleich qualifizierte Autoren für ein ähnliches Projekt üblicher- und redlicherweise 50.000 Euro bekommen, Sie aber wurden mit 25.000 Euro abgespeist, so können Sie die »fehlenden« 25.000 Euro einfordern.

3. Was tun bei Rechtsverletzungen?

Wenn Sie die Befürchtung haben, dass Ihr Urheberrecht verletzt wurde, müssen Sie anwaltlichen Rat einholen. Auf eigene Faust können Sie nicht vorgehen. Dafür sind zu viele inhaltliche und formale Einzelheiten zu beachten.

Soweit Ihre Rechte verletzt wurden, können Ansprüche auf Unterlassung, auf Beseitigung, auf Schadensersatz und Auskunft bestehen. Der Verletzer muss zudem mit einer Strafverfolgung rechnen.

»The fact that Joe Eszterhas received $ 3 million for Basic Instinct did nothing to protect him from the whim of the people who bought the script. He was off the project less than two months after the sale.«

Nicolas Kent, »Naked Hollywood«, New York 1991, Seite 117

Kapitel 7: Wie werden Rechte übertragen?

Ihr Urheberrecht als solches können Sie nicht übertragen. Auch kann nicht darauf verzichtet werden. Also: einmal Urheber – immer Urheber, jedenfalls bis zu Ihrem Tod. Dann wird es vererbt.

Wie im vorhergehenden Kapitel beschrieben, können Sie anderen aber die Rechte zur Nutzung Ihres Buches einräumen. Üblicherweise werden Nutzungsrechte durch Verträge übertragen. Aber auch ohne ausdrückliche Vereinbarung kann es zur Rechteübertragung kommen.

1. Rechteübertragung durch schriftlichen Vertrag

Jeder von Ihnen wird über kurz oder lang mit den oft sehr klein gedruckten seitenlangen Rechteübertragungen in den Vertragsformularen der Produzenten oder Sender konfrontiert werden. Ein Beispiel für einen solchen Rechtekatalog finden Sie im Anhang. Mit Ihrer Unterschrift auf dem Vertrag willigen Sie in die Übertragung all der im Rechtekatalog aufgeführten Nutzungsrechte auf die Produktionsfirma oder den Sender ein.

2. Rechteübertragung ohne schriftlichen Vertrag

Sie übergeben einem Produzenten Ihr Drehbuch. Es gefällt ihm, er will es verfilmen, Sie freuen sich. Der Film ist schnell finanziert und bevor Sie einen Drehbuchvertrag geschlossen haben, wird – natürlich mit Ihrem Einverständnis – gedreht.

Es gibt dann keine ausdrückliche schriftliche Vereinbarung über die Rechte am Drehbuch. Für genau diesen Fall hat der Gesetzgeber bereits 1965 eine spezielle Regelung, die im Jahre 2002 ergänzt wurde, zugunsten der Filmproduktionen und Sender geschaffen. Grund: Die Herstellung eines Filmes erfordert einen wesentlich größeren Aufwand in finanzieller und organisatorischer Hinsicht als andere urheberrechtlich geschützte Werke, wie Bücher, Musik oder bildende Kunst. Diesem Kostenrisiko des Produzenten soll Rechnung getragen werden. Es wurde daher eine Vorschrift geschaffen, die eine automatische Einräumung der Rechte des Urhebers vorsieht, wenn dieser in die Verfilmung seines Werkes eingewilligt hat. Dies gilt aber nur, wenn im Hinblick auf die Rechteübertragung Zweifel bestehen. Gibt es also einen Drehbuchvertrag, in dem die Rechteeinräumung klar geregelt ist, so geht der Vertrag dieser gesetzlichen Vorschrift vor.

Hier ein Auszug aus der betroffenen Regelung des § 88 Urheberrechtsgesetz (Recht zur Verfilmung):

(1) Gestattet der Urheber einem anderen, sein Werk zu verfilmen, so liegt darin im Zweifel die Einräumung des ausschließlichen Rechts, das Werk unverändert oder unter Bearbeitung oder Umgestaltung zur Herstellung eines Filmwerkes zu benutzen und das Filmwerk sowie Übersetzungen und andere filmische Bearbeitungen auf alle Nutzungsarten zu nutzen. ...
(2) Die in Absatz 1 bezeichneten Befugnisse berechtigen im Zweifel nicht zu einer Wiederverfilmung des Werkes. Der Urheber ist im Zweifel berechtigt, sein Werk nach Ablauf von zehn Jahren nach Vertragsabschluss anderweitig filmisch zu verwerten.

Übertragen werden durch § 88 1 UrhG also die Verfilmungsrechte und sämtliche Rechte für heute bekannte und auch unbekannte Nutzungsarten.
Im zweiten Absatz von § 88 UrhG ist geregelt, dass Sie Ihre Rechte zur Verfilmung im Zweifel nur zehn Jahre exklusiv übertragen. Nach Ablauf der zehn Jahre können Sie Ihr Buch einem anderen Produzenten für ein Remake verkaufen. Die Erstverfilmung darf aber weiterhin durch den ursprünglichen Produzenten verwertet werden.

>Viele neue Autoren haben ihre Karriere als Drehbuchautoren begonnen, indem sie die Option auf ein Buch oder eine wahre Geschichte erworben und darauf bestanden haben, selbst das Drehbuch zu schreiben.«

Linda Seger »Vom Buch zum Drehbuch«, Frankfurt am Main 2001, Seite 10

Kapitel 8:
Adaption einer Erzählung oder eines Romans

Sie haben einen Roman gelesen, der Ihnen sehr gut gefallen hat und für eine Verfilmung wie gemacht erscheint. Auf Grundlage dieses Romans möchten Sie ein Drehbuch entwickeln. Es gibt nun zwei Möglichkeiten: Sie gewinnen einen Produzenten für Ihre Idee und der Produzent sichert sich die Verfilmungsrechte am Roman durch eine Optionsvereinbarung mit dem betroffenen Verlag. Diese Verfahrensweise birgt für Sie allerdings einen Unsicherheitsfaktor: Übt der Filmhersteller die Option aus, so liegen die Verfilmungsrechte an dem Roman bei ihm. Kommt es während der Arbeit am Drehbuch zu Unstimmigkeiten zwischen Ihnen und dem Produzenten und er trennt sich von Ihnen, so verbleiben die Verfilmungsrechte bei ihm. Zwar haben Sie theoretisch die Möglichkeit, mit dem Filmhersteller eine Vereinbarung zu treffen, die Ihnen garantiert, dass Sie das Drehbuch schreiben werden. In der Praxis wird sich ein Produzent, hat er die Option erst einmal erworben, darauf nur dann einlassen, wenn Sie als Autor bereits sehr etabliert sind.

Option auf den Erwerb der Verfilmungsrechte an einer Erzählung oder einem Roman

Die andere – und für Sie sicherere – Möglichkeit ist, dass Sie selbst eine Option beim Verlag erwerben. Natürlich wird dies für Sie nur dann in Frage kommen, wenn die betroffene Erzählung oder der betroffene Roman kein Bestseller ist. Anderenfalls könnte die Option unerschwinglich sein. Für die Option nicht so erfolgreicher Erzählungen oder Romane werden Beträge zwischen 500 und 2.500 Euro für den Optionszeitraum von 12 bis 24 Monaten für eine Verfilmung für das Fernsehen verlangt. Für eine internationale Kinoproduktion sind allerdings meist weit höhere Beträge zu bezahlen, je nach Popularität des Romans oder der Erzählung. Wichtig für Sie ist dabei, gleich eine sogenannte qualifizierte Option abzuschließen. (Einzelheiten hierzu im Kapitel »Verträge«) Denn nur diese sichert Sie wirklich ab. Mit der Option haben Sie dann die Möglichkeit, einen Sender oder Produzenten zu suchen, der den Stoff realisiert. Finden Sie Interessenten, so haben Sie eine wesentlich bessere Verhandlungsposition als ohne die Option. Denn Sie können nun entscheiden, ob, wie und mit wem Sie das Projekt verwirklichen wollen. Wichtig für Sie ist dann, dass Sie vor Ausübung der Option sichergestellt haben, dass der Produzent die Stoffrechte für den Roman bezahlt und die Realisierung des Filmes auf Grundlage der Stoffrechte an Sie als Drehbuchautor gebunden ist.

Ist eine Option bzw. ein Rechteerwerb immer erforderlich?

Bevor Sie eine Option erwerben, sollten Sie unbedingt klären, ob für Ihr Vorhaben ein Erwerb urheberrechtlicher Nutzungsrechte überhaupt notwendig ist. Kein Rechteerwerb ist erforderlich, falls der Stoff gemeinfrei ist. (Näheres hierzu im Kapitel »Public domain – Gemeingut«.) Aber auch dann, wenn Sie sich von dem Romanstoff nur inspirieren lassen und lediglich eine (nicht geschützte) Idee übernehmen, ist ein Rechteerwerb nicht erforderlich. Da die Abgrenzung hier im Einzelfall schwierig sein und eine Fehleinschätzung schwerwiegende Folgen haben kann, müssen Sie sich diesbezüglich von fachkundiger Seite beraten lassen. Denn spätestens dann, wenn Sie einen Drehbuchvertrag unterzeichnen, wird der Produzent eine Zusicherung von Ihnen verlangen, dass Ihr Werk frei von Rechten anderer ist. Auch werden Sie ihn freistellen müssen von möglichen Ansprüchen, welche gegen den Produzenten wegen einer Verletzung von Rechten von dritter Seite geltend gemacht werden. Im schlimmsten Fall werden Sie für alle Schäden verantwortlich gemacht, die dadurch entstehen, dass Ihr Drehbuch nicht frei von Rechten anderer war. Dieser Schaden kann ganz beträchtlich sein. Man denke nur an den Fall, dass ein Film aufgrund einer einstweiligen Verfügung nicht gesendet oder im Kino veröffentlicht werden kann.

»OHMYGOD! You're not gonna believe this but I got my movie optioned. They are not giving me a lot. Well, it's a free option actually, but still, the producer seems very gung-ho and think it's really gonna get made. Thanks for your guidance and help. You're the best. Don't worry, when I become rich and famous, I won't forget you.«

Richard Krevolin, in: »Screenwriting from the Soul«, Los Angeles 1998, Seite 190

Kapitel 9: Zitatrecht

Sie verfassen ein Konzept für einen Dokumentarfilm, in dem es um die Entwicklung des Tonfilms in Deutschland gehen soll. Ihr Konzept sieht dabei vor, zur Veranschaulichung Beispiele aus alten Spielfilmen einzublenden. Spätestens dann, wenn Sie das Konzept der Produktionsfirma oder dem Sender vorlegen, wird die Frage auftauchen, ob für eine solche Einblendung Rechte erworben werden müssen oder ob es sich hier um ein Zitat handelt.

Wichtigste Voraussetzung für die Zulässigkeit eines Zitats ist die sogenannte Belegfunktion. Nur dann, wenn das Zitat als Beleg für die eigene Gedankenführung, etwa zur Veranschaulichung, zum besseren Verständnis, zur Vertiefung oder zur Begründung oder wenn es als Devise oder Motto aber auch als Mittel künstlerischen Ausdrucks und künstlerischer Gestaltung dient, ist es zulässig. Keinesfalls darf das Zitat nur dazu dienen, eigene Ausführungen zu ersparen. Hierzu folgendes Beispiel:

Im Jahre 1991 hatte RTL unter dem Titel »Der flotter Dreier« eine Fernseh-Interviewsendung ausgestrahlt. Es ging dabei um das Thema »Callboys«. Zur Einleitung wurde ein Ausschnitt aus dem Spielfilm »... aber Jonny!« mit Horst Buchholz in der Hauptrolle eingespielt und zwar mit einer Länge von 2 Minuten 25 Sekunden. Rechte hierfür hatte RTL nicht erworben. Der Inhaber der Rechte an dem Film »... aber Jonny!« wollte sich dies nicht gefallen lassen. Er klagte und gewann. Die Belegfunktion fehle, so die Richter am Oberlandesgericht Köln[12]. Die Einblendung der Spielfilmszene diene nur der Anmoderation und Unterhaltung des Publikums. Ein zulässiges Zitat liege daher nicht vor. RTL musste Schadensersatz an den Rechteinhaber bezahlen.

Eine weitere wichtige Einschränkung ist die Länge des übernommenen Zitats. Nur was zum Beleg Ihrer Auffassung wirklich erforderlich ist, darf übernommen werden. Eine feststehende Regel für die Länge gibt es nicht. Zwar wird immer wieder behauptet, man dürfe Filmausschnitte unter acht Sekunden Länge grundsätzlich einblenden, das ist aber falsch! Es kommt immer darauf an, welche Länge im Einzelfall erforderlich ist. Das eingangs erwähnte Beispiel war Gegenstand eines Rechtsstreits:

Bei dem vom Bundesgerichtshof[13] zu entscheidenden Fall wurde eine Rundfunkanstalt verklagt, die eine dreiteilige Fernsehserie über die Entwicklung des Tonfilms in Deutschland hergestellt und ausgestrahlt hatte. Teil 1 der Fernsehserie hat eine Sendedauer von 43 Minuten und enthält Ausschnitte aus alten Spielfilmen, darunter zwei Ausschnitte aus dem 1951 hergestellten Spielfilm »Mädchen in Uniform« mit Romy Schneider und Lilly Palmer. Die beiden eingeblendeten Ausschnitte sind insgesamt 5 Minuten und 37 Sekunden lang. Die Rundfunkanstalt hatte die Rechte an den Einblendungen nicht erworben. Die Rechteinhaberin und Klägerin sah in der erfolgten Ausstrahlung der Fernsehserie, soweit darin die beiden Filmausschnitte enthalten sind, eine Urheberrechtsverletzung und nahm die Rundfunkanstalt auf Unterlassung und Zahlung von Schadensersatz in Anspruch. Die Rundfunkanstalt berief sich auf das Zitatrecht nach § 51 Urheberechtsgesetz. Die einzelnen Voraussetzungen des zulässigen Zitates waren nach Ansicht des Bundesgerichtshofes im vorliegenden Fall alle gegeben: So führten die Richter aus, dass Art, Inhalt und Zweck der Dokumentation die Einblendung von Originalbeispielen aus den Filmen der jeweiligen Entwicklungsphase unerlässlich mache. Ein Werk dürfe nicht um seiner selbst willen zur Kenntnis der Allgemeinheit gebracht werden, es reiche nicht aus, dass die Zitate in einer bloß äußerlichen zusammenhanglosen Weise eingefügt und angehängt würden, vielmehr müsse eine innere Verbindung mit den eigenen Gedanken (betreffend dem neu herzustellenden Film) hergestellt werden. Im vorliegenden Fall seien die beiden Filmausschnitte nicht willkürlich ausgewählt worden und von einer bloßen Wiedergabe zu Unterhaltungszwecken könne nicht gesprochen werden. Die Beschreibung der Art und des Inhalts der Dokumentation mache deutlich, dass die beiden Filmzitate in eine auf einer einheitlichen Konzeption beruhenden Gesamtdarstellung eingebettet seien und lediglich als Beleg für eigene Erörterungen des Filmautors erschienen. Im Verhältnis zum Gesamtfilm dürfe das zitierte Werk nur eine völlig untergeordnete Rolle spielen. Hierzu der Bundesgerichtshof: Bei der Ermittlung des sachlichen Umfangs des Zitats könnten keine arithmetischen Maßstäbe angelegt werden. Im vorliegenden Fall sei sowohl die Auswahl der Filmausschnitte als auch ihre Gesamtlänge von ca. 5 1/2 Minuten durch den Zweck des Zitats geboten und zum Verständnis des eingeblen-

> deten Handlungsablaufs und der damit verbundenen Aussage, dass der Ton nunmehr eine in die Filmhandlung voll integrierte Bedeutung erlangt habe, notwendig. Die Länge der Filmausschnitte hielt sich auch im Verhältnis zum benutzten Gesamtwerk gerade noch in einem zulässigen Rahmen.
>
> Weiterhin, so die Richter, seien die Interessen des Rechteinhabers an der wirtschaftlichen Verwertung des eingeblendeten Teiles zu berücksichtigen. Denn die Klammerteilauswertung könne im Rahmen der Gesamtauswertung des Films durchaus wirtschaftliche Bedeutung bekommen. Auch diesbezüglich sah der BGH im vorliegenden Fall kein Problem: Die dem Schöpfer des Werkes zustehenden Verwertungsmöglichkeiten seien durch das Zitat nicht geschmälert.

Eine weitere interessante Entscheidung zum Thema Zitierfreiheit erging durch das Bundesverfassungsgericht[14] im Jahre 2000:

> Heiner Müller hatte ein Theaterstück mit dem Titel »GERMANIA 3 GESPENSTER AM TOTEN MANN« verfasst. Das Stück beschäftigt sich mit der politisch-gesellschaftlichen Situation im Zeitraum 1941 bis 1956 und hat insgesamt 75 Seiten. In dem Stück werden Textpassagen aus Bühnenwerken Bertolt Brechts mit einer Länge von insgesamt etwa zwei Textseiten wiedergegeben. Sie werden durch Kursivdruck hervorgehoben. Eine Genehmigung der Erben von Bertolt Brecht hatte Heiner Müller dafür allerdings nicht eingeholt. Der Fall ging bis vor das Bundesverfassungsgericht. Im Kontext einer eigenständigen künstlerischen Gestaltung reiche die Zitierfreiheit über die Verwendung des fremden Textes als Beleg, d.h. zur besseren Verdeutlichung übereinstimmender Meinungen oder zur Begründung oder Vertiefung der eigenen Meinung hinaus, so die Richter. Der Künstler dürfe urheberrechtlich geschützte Texte auch ohne einen solchen Bezug in sein Werk aufnehmen, soweit sie als solche Gegenstand und Gestaltungsmittel seiner eigenen künstlerischen Aussage blieben. Wo es wie hier ersichtlich darum ginge, den fremden Autor (Brecht) selbst als Person der Zeit- und Geistesgeschichte kritisch zu würdigen, kann es ein von der Kunstfreiheit gedecktes Anliegen sein, diesen Autor, seine politische und moralische Haltung sowie die Intention und Wirkungsgeschichte seines Werkes dadurch zu kennzeichnen, dass er selbst durch Zitate zu Wort komme.

Nur wenn der Film, in den das Klammerteil aufgenommen werden soll, selbst ein urheberschutzfähiges Werk ist (was bei Spielfilmen grundsätzlich, bei Dokumentarfilmen meistens der Fall ist), darf zitiert werden. Darüber hinaus ist das

Zitat in der Regel unverändert zu übernehmen. Die Quelle, aus der zitiert wurde, muss im Abspann genannt werden. Auch darf nur aus bereits veröffentlichten Werken zitiert werden.

Handelt es sich um ein zulässiges Zitat, so müssen keine Rechte erworben werden.

Aber: Eine Berufung auf das Zitatrecht ist immer eine höchst problematische Angelegenheit, die ohne fachkundige Hilfe nicht entschieden werden sollte.

>»Ein Autor muss seinen eigenen Stil finden, einen Stil, der ihm zusagt. Ich zum Beispiel, gebe sehr viele Regieanweisungen für die Kamera, die ich zur Rhythmisierung meines Textes brauche. Das regt die Regisseure oft auf, aber letztlich drehen sie die Szenen sowieso wie sie wollen.«

William Goldman, in: »Movie Business Book«, (Deutsche Ausgabe) Köln 1995, Seite 98

Kapitel 10: Public domain (Gemeingut)

1. Was bedeutet »public domain« oder (zu Deutsch) »Gemeingut«?

»Public domain« oder »Gemeingut« heißt, dass die betroffenen Leistungen und Werke weder urheberrechtlich noch nach anderen Gesetzen (etwa dem Wettbewerbsrecht) geschützt sind. Jeder kann darauf zurückgreifen und es verwenden. Niemand kann es für sich monopolisieren.

Gemeingut sind:

1. Werke, deren Schutzfrist abgelaufen ist, also etwa ein Roman, dessen Autor vor mehr als siebzig Jahren gestorben ist. (*Beachten Sie dabei*: Romeo und Julia ist als Stoff natürlich frei, das gilt möglicherweise aber nicht für die von Ihnen gewählte Bearbeitung.)
2. Leistungen, die von vornherein nicht schutzfähig sind. Das sind:
   * Ideen,
   * tatsächliche Geschehnisse,
   * historische Geschehnisse,
   * naturgegebene Vorgänge,
   * der Tatsachengehalt von Biografien,
   * Methoden, Stilrichtungen (etwa »Dogma«, »Expressionismus«, »Dadaismus«, oder auch – dies ist sogar gerichtlich entschieden – Figuren kindlichnaiv sprechen zu lassen),
   * Althergebrachtes (etwa Märchen, Volkslieder etc.)
   * Werke, die aus dem Schutz des Urheberrechtsgesetzes herausgenommen sind (etwa Gerichtsentscheidungen).

Einzelfragen hierzu:

2. Sind die Inhalte historischer oder religiöser Ereignisse geschützt?

Sie können über jeden historischen Vorgang oder auch über religiöse Ereignisse ein Buch schreiben oder einen Film drehen. Aber so wie Ihnen niemand verbieten kann, etwa ein Drehbuch über die Titanic zu verfassen, so können Sie andere nicht daran hindern, ebenso wie Sie einen Stoff über die Titanic zu realisieren. Denn unabhängig wie viele Autoren Bücher über geschichtliche oder religiöse Ereignisse erstellen – niemand kann für sich ein Monopol auf einen geschichtlichen oder religiösen Inhalt beanspruchen.

3. Bestehen Rechte an historischen Persönlichkeiten?

Hier gilt dasselbe wie bei den historischen Ereignissen: Jede historische Persönlichkeit kann Thema Ihres Buches werden. Dabei können Sie sich sogar anderer Biografien und Autobiografien bedienen. Denn der biografische oder autobiografische Tatsachengehalt von Werken ist nicht geschützt. Das gilt aber nur für den Tatsachengehalt! Die konkrete Formgebung, also Formulierungen, Anordnungen oder Ausschmückungen dürfen nicht übernommen werden.

In nachfolgender Entscheidung des Landgerichts Hamburg[15] hatten die Richter die Aufgabe, ein Drehbuch über die »Päpstin Johanna« zu untersuchen. Dieses Drehbuch war ohne Einwilligung von Donna Woolfolk Cross, der Autorin des Bestsellers »Die Päpstin«, verfasst worden. Die Drehbuchautorin berief sich darauf, ihr Drehbuch nur aufgrund freier historischer Fakten und Überlieferungen verfasst zu haben.

Der Roman »Die Päpstin« hielt sich 189 Wochen in den deutschen Bestsellerlisten. Dies veranlasste die Ufa, den Stoff für das Kino zu verfilmen. Sie holte das Einverständnis der Autorin Donna Woolfolk Cross ein und begann mit der Entwicklung des Drehbuches. Damit jedoch war sie nicht allein. Auch eine andere deutsche Filmproduktionsfirma, die Tandem Communications plante eine Fernsehserie über die »Päpstin Johanna«, *allerdings ohne Einwilligung der Romanautorin*. Das wollte sich Donna Woolfolk Cross nicht bieten lassen. Sie erhob Klage auf Unterlassung beim Landgericht Hamburg.

In dem Roman wird das Leben der Johanna von Ingelheim geschildert, einer Frau, die im Jahre 814 geboren und als Mann verkleidet in Fulda und Athen studiert haben soll. Als »Mönch« sei sie schließlich von Fulda aus nach Rom gezogen. Aufgrund ihrer großen Gelehrsamkeit sei sie nach dem Tode Leos des IV. im Jahre 855 zum Papst gewählt worden. Sie regierte als »Johannes Angelikus« und ließ fast alle Menschen glauben, dass sie ein Mann sei. Aber eben nur fast. Zumindest ein Mann muss ihr Geheimnis gekannt haben, denn sie wurde schwanger. Während einer Prozession soll die Geburt stattgefunden haben. Diese überlebte sie nicht. Über die Ursache ihres Ablebens kursieren zwei Varianten: Einige Quellen lassen vermuten, sie sei von der aufgebrachten Menge, die den Teufel entweichen sah, getötet worden, andere gehen davon aus, dass sie ohne fremde Einwirkung an den Folgen der Geburt gestorben sei.

Ob Johanna von Ingelheim tatsächlich gelebt hat, oder ob es sich um eine Legende handelt, konnte die Wissenschaft bis heute nicht klären. Fest steht jedoch, dass diese Geschichte seit vielen hundert Jahren erzählt wird. Eine der ältesten Darstellungen stammt aus dem Jahre 1558. Seither ist die Figur Gegenstand zahlreicher literarischer und wissenschaftlicher Darstellungen. Auch zwei Filme, eine Kinoproduktion aus dem Jahre 1972 und ein Feature der BBC aus dem Jahre 2000 beschäftigten sich mit dem Thema.

Die beklagte Tandem Communications war sich keiner Schuld bewusst. Die Päpstin Johanna, so argumentierte sie, sei eine durch viele Quellen historisch belegte Figur. Historische Fakten und Überlieferungen seien aber frei, jeder dürfe sie verfilmen. Die Klägerin könne die Legende daher nicht für sich monopolisieren. Auch habe die Drehbuchautorin Sarah Provost den Roman der Klägerin nicht plagiiert. Vielmehr habe sie verschiedenste Quellen recherchiert und darauf aufbauend ihr Drehbuch nach einem eigenen Konzept verfasst.

Dagegen hielt die Klägerin mit folgenden Argumenten: Sie habe die Figur der Johanna erstmals als eine Persönlichkeit mit realem Charakter und individuellen Persönlichkeitsmerkmalen und Motivationen dargestellt, nämlich als eine »Pionierin der Frauenbewegung«. Ihre Johanna sei eine Frau mit dem Bewusstsein unserer Tage. Trotz der zahlreichen historischen Quellen habe sie, die Romanautorin, aus einer Vielfalt möglicher Charaktere und Szenen ausgewählt und zahlreiche Details erfunden. Dies seien eigenschöpferische und damit schutzfähige Leistungen. Nichts Neues, so die Beklagte: Bereits im BBC-Feature aus dem Jahr 2000 finde sich die Bewertung der Johanna von Ingelheim als »Pionierin der Frauenbewegung«.

Die Richter stellten zunächst klar, dass historisch vorgegebene Einzelheiten, die allgemein bekannt oder recherchierbar sind, keinen Schutz genießen können. Alle tatsächlichen historischen Ereignisse bzw. Legenden seien damit frei. *Die »Päpstin*

Johanna« ist eine durch viele Quellen belegte historische Figur. Über diese historische Figur einen Film zu drehen steht jedermann frei.

Die Richter machten sich nun daran, die Romanvorlage mit dem Drehbuch zu vergleichen und kamen dabei zu dem Schluss, dass die überwiegende Anzahl von Elementen des Drehbuches frei benutzbares Material über die historische Figur sei. So seien beispielsweise folgende Schlüsselszenen überliefert: Obgleich Bildung für die meisten Menschen im neunten Jahrhundert unzugänglich war, im Besonderen auch für Mädchen und Frauen, habe Johanna Lesen und Schreiben gelernt. Erst eine hohe Bildung habe ihren Aufstieg ermöglicht. Auch sei überliefert, dass Johanna während einer Prozession ein Kind geboren habe. Diese Überlieferungen seien frei und für jeden nutzbar.

Im Ergebnis half das der Beklagten aber wenig, denn bezüglich zweier maßgeblicher Darstellungen war das Gericht anderer Meinung. Im Roman – *von der Autorin frei erfunden* – hat Johanna einen Bruder mit Namen Johannes, und sie verliebt sich in ihrer Jugend in Deutschland in einen Mann, den sie später in Rom wiedertrifft, und der dort als Chef der päpstlichen Garde ihr Liebhaber wird. *Dies, sowie drei weitere erfundene Abschnitte des Romans hatte die Drehbuchautorin Sarah Provost übernommen.* Damit sind die Urheberrechte der Romanautorin verletzt, wenn auch nur in geringfügigem Umfange, so das Landgericht Hamburg. Aus diesem Grund untersagte das Gericht der Tandem Communications, einen Film auf Grundlage des Drehbuches von Sarah Provost herzustellen. Eine Verfilmung könne nur nach einer umfangreichen Überarbeitung des Drehbuches erfolgen.

Soweit die Person, über die Sie schreiben wollen, noch nicht lange tot ist, sind gegebenenfalls sogenannte »postmortale Persönlichkeitsrechte« zu beachten. Mehr dazu im nächsten Kapitel.

4. Wer hat die Rechte an realem Geschehen?

Sie lesen in der Zeitung, dass eine Giftschlange aus dem Zoo entkommen konnte und nun eine Stadt in Angst und Schrecken versetzt. Dieser Stoff interessiert Sie. Daher beginnen Sie zu recherchieren und verfassen anhand der geschehenen Einzelumstände ein Drehbuch. Dies kann Ihnen niemand verbieten. Denn reales Geschehen ist urheberrechtlich nicht geschützt. (Aber Vorsicht: Möglicherweise müssen Sie Persönlichkeitsrechte berücksichtigen, falls Sie über real existierende Personen schreiben möchten. Hierzu mehr im nächsten Kapitel.)

Andererseits erwerben Sie niemals ein Urheberrecht an den tatsächlichen Ereignissen, auf die Sie Ihre Geschichte aufbauen oder von denen Sie sich inspirieren lassen. Denn die Wiedergabe von Fakten ist urheberrechtlich nicht geschützt. Dies veranschaulicht nachfolgende Entscheidung, in der es um den Film von Rainer Werner Fassbinder mit dem Titel »Ich will doch nur, dass Ihr mich liebt« ging.

In diesem Film wurden tatsächliche Ereignisse wiedergegeben, über die der Straftäter Peter J. in Interviews berichtet hatte. Er war zu lebenslänglicher Haft wegen Tötung eines Ehepaares verurteilt worden. Die Autoren, die die Interviews geführt hatten, erstellten daraus eine in Ich-Form gestaltete chronologische Erzählung, in der die Interview-Angaben des Täters gekürzt, sprachlich geglättet und teilweise neu formuliert worden sind. Die Erzählung wurde als Protokoll Nr. 2 in dem Buch mit dem Titel »Lebenslänglich – Protokolle aus der Haft« veröffentlicht. Im Jahre 1975 erwarb ein Produzent von den beiden Autoren die Rechte, einen Fernsehfilm herzustellen und zu verbreiten. Zeitlich war dieser Vertrag auf acht Jahre beschränkt. Rainer Werner Fassbinder verfilmte die Geschichte 1976. Da der auf acht Jahre beschränkte Vertrag nicht verlängert wurde, lief er 1983 aus. Obwohl die Vertragszeit abgelaufen war, wurde der Film im Fernsehen und Kino weiter gezeigt. Die Inhaberin der Autorenrechte wollte die Ausstrahlung des Filmes verbieten lassen. Sie erhob Klage. Erfolg hatte sie damit nicht. *Der Inhalt des Protokolls Nr. 2 basiere auf den Angaben des Täters, so die Richter des Oberlandesgerichts München*[16]. *Mit diesen Angaben habe Peter J. das tatsächlich Geschehene mitgeteilt. Der Inhalt tatsächlicher Geschehnisse genieße jedoch keinen Urheberrechtsschutz.* Das Protokoll Nr. 2 könne daher nicht als schutzfähige Fabel bewertet werden, denn sie beschränke sich auf die Wiedergabe von Fakten. *Diese Wiedergabe der Fakten sei keine eigenschöpferische Leistung der Autoren.* Für die Autoren sei die Geschichte als historischer Ablauf vorgegeben gewesen, sie hätten frei benutzbares Gemeingut nacherzählt, das nicht auf ihrer persönlichen geistigen Schöpfung beruhe. Der Umstand, dass die Stoffsammlung als solche mit großer Mühe und erheblichem Zeitaufwand verbunden war, reiche nicht aus, die urheberrechtliche Schutzfähigkeit zu begründen.

Schutz würde aber die konkrete Form und Art der Sammlung, Einteilung, Anordnung und sprachliche Wiedergabe des vorgesehenen Stoffes genießen. Auf die konkrete Form der Sammlung habe Fassbinder jedoch nicht zurückgegriffen. Vielmehr habe er in seinem Film vom Protokoll nur insoweit Gebrauch gemacht, als es die Lebensgeschichte des Täters beträfe und damit gemeinfrei sei.

»... Denn für Harald Schmidt lag es nicht auf der Hand, dass er die Grenze zulässiger Satire überschreitet. Man kann ihm nur vorwerfen, dass er die rechtliche Grenzziehung auf einem außerordentlich schwierigen Gebiet fahrlässig verfehlt hat.«

Landgericht Hamburg, im Urteil vom 13.08.1999, Aktenzeichen: 324 O 106/99

Kapitel 11:
Schreiben über real existierende Persönlichkeiten

Der Aufstieg und Fall eines deutschlandweit bekannten Bauunternehmers war ein wunderbarer Stoff für eine Komödie (»Peanuts – die Bank zahlt alles«). Dieser, im Film Dr. Jochen Schuster genannt, hochverschuldet, beschließt, sein Leben zu verändern. Er schlüpft in einen Maßanzug und schafft es unter Beifall seiner Frau und seiner Geliebten, Kredite in Millionenhöhe für seine Bauvorhaben bei der Bank locker zu machen. Der Film zeigt dabei übertrieben und komödienhaft Schusters Finanzaktionen, aber auch die sexuellen Avancen der weiblichen Figuren. Gerade durch letztere Szenen fühlte sich das reale Ehepaar in seinem Persönlichkeitsrecht verletzt und versuchte, die Veröffentlichung des Filmes zu verhindern. Vor Gericht kamen sie damit allerdings nicht durch: Zulässige Satire, so die Richter. (Mehr zu diesem Fall in diesem Kapitel unter dem Stichwort »Satire«.)

Trotzdem sollten Sie immer an die Persönlichkeitsrechte der Betroffenen denken, bevor Sie beginnen, einen spannenden Stoff aus der Zeitung zu recherchieren, um daraus ein Buch zu machen oder eine Satire über einen Prominenten zu verfassen. Zwar gilt grundsätzlich, dass tatsächliche Ereignisse frei sind und von jedem geschildert oder verfilmt werden dürfen. Aber: Sie dürfen dennoch keine Persönlichkeitsrechte verletzen. Im Folgenden einige Anhaltspunkte und Beispiele hierzu.

1. Das Recht am eigenen Bild

Das äußere Erscheinungsbild eines Menschen ist gesetzlich geschützt. Unter der Überschrift »Recht am eigenen Bilde« ist es im Kunsturheberrechtsgesetz in § 22 geregelt. Der erste Satz dieser Vorschrift lautet: »Bildnisse dürfen nur mit Einwilligung des Abgebildeten verbreitet oder öffentlich zur Schau gestellt werden.« Auslöser für den Erlass dieser Vorschrift war folgendes Ereignis: Nach dem Tod von Otto von Bismarck im Jahr 1898 sind zwei Journalisten heimlich in das Sterbezimmer des Politikers eingedrungen und haben Fotos von dessen Leichnam gemacht. Da es kein passendes Gesetz gab, wurden die Journalisten seinerzeit wegen Hausfriedensbruch verurteilt.

Zweck des sogenannten Bildnisschutzes ist die Gewährleistung der freien Entscheidung darüber, was mit dem eigenen Abbild passiert. Es soll jedem selbst überlassen sein, ob er eine Abbildung von sich selbst verbreiten oder veröffentlichen lässt. Ohne Einwilligung des Betroffenen darf eine Abbildung (im Gesetz »Bildnis« genannt) grundsätzlich nicht veröffentlicht werden. Unter »Bildnis« ist hauptsächlich die äußere Erscheinung zu verstehen. Um ein Bildnis handelt es sich aber auch dann, wenn die äußere Erscheinung nicht übereinstimmt, aber erkennbar ist, um wen es sich handeln soll. Es kommt also nicht darauf an, ob es sich um eine Nachahmung in einem Film, eine Fotografie oder ein gemaltes Bild handelt. Entscheidend ist allein, ob die betroffene Person für die Leute, die sie kennen, erkennbar ist. Wird etwa eine Person im Film durch einen Schauspieler dargestellt, ist aber jedem klar, um wen es sich handeln soll, liegt auch in diesem Fall ein »Bildnis« vor. Der Begriff umfasst also auch das Lebens- und Charakterbild einer Person.

Achtung: Auch Verstorbene sind geschützt. Für eine Veröffentlichung des Abbildes eines inzwischen Verstorbenen ist bis zehn Jahre nach dem Ableben die Einwilligung der Angehörigen einzuholen. Und selbst nach Ablauf dieser zehn Jahre sind Tote vor grob ehrverletzenden Beeinträchtigungen oder schwerwiegenden Verfälschungen geschützt. Wie lange der Schutz gehen kann, hängt vom Einzelfall ab. Bei sehr berühmten Personen kann er 30 Jahre und länger andauern.

2. Personen der Zeitgeschichte

Grundsätzlich gilt also, dass Bildnisse von Personen nur mit deren Einwilligung veröffentlicht werden dürfen. Dieses Einwilligungserfordernis kann aber dann entfallen, wenn es sich bei der Person um eine sogenannte Person der Zeitgeschichte handelt.

Absolute Personen der Zeitgeschichte

Bei Personen der Zeitgeschichte wird derzeit noch unterschieden zwischen absoluten und relativen Personen der Zeitgeschichte. Absolute Personen der Zeitgeschichte sind Menschen, die durch andauernde Popularität im Blickfeld der Öffentlichkeit stehen. Hierzu zählen etwa Caroline von Monaco, Boris Becker, Angela Merkel.

Absolute Personen der Zeitgeschichte müssen die Veröffentlichung von Abbildungen hinnehmen, die im Rahmen ihrer jeweils öffentlichen Funktion gemacht werden. Abbildungen hingegen, die die Intimsphäre betreffen, dürfen auch von absoluten Personen der Zeitgeschichte nicht veröffentlicht werden. Dies gilt auch für Abbildungen aus dem privaten Bereich, wenn die entsprechende Berichterstattung nicht mehr befriedigt als Neugier und Sensationslust, so der Bundesgerichtshof in seiner Entscheidung vom 06.03.2007[17]. Damit nähert sich der BGH der Rechtsprechung des Europäischen Gerichtshofes für Menschenrechte (kurz EGMR genannt) aus dem Jahr 2004[18] an. Caroline von Monaco hatte gegen die »Bunte« und die »Freizeit Revue« geklagt. Die beiden Zeitschriften hatten Fotos veröffentlicht, die Caroline von Monaco beim Reiten, Einkaufen, Besuch eines Restaurants, Stolpern über einen Gegenstand in einem Beach Club und weiteren privaten Tätigkeiten zeigten. Dieser Streitfall hatte zunächst alle deutschen Instanzen beschäftigt. Da die Deutschen Gerichte ihr nur einen Teilerfolg einbrachten, zog sie vor den EGMR. Das Gericht sprach sein Urteil auf Grundlage von Art. 8 der Europäischen Menschenrechtskonvention. Darin heißt es unter anderem: «Jede Person hat das Recht auf Achtung ihres Privat- und Familienlebens, ihrer Wohnung und ihrer Korrespondenz.«

Einige Zeit später erschienen in verschiedenen deutschen Zeitschriften unter anderem Fotos des Ehepaares bei einer Geburtstagsfeier, einem Urlaub in St. Moritz, auf einer belebten Straße sowie im Zusammenhang mit einem Bericht über die Vermietung einer Villa und einer Erkrankung des seinerzeit regierenden Fürsten von Monaco. Caroline von Monaco und ihr Mann reichten daraufhin sechs verschiedene Klagen beim Landgericht Hamburg ein. Die Richter untersuchten die einzelnen Fälle mit einem Seitenblick auf das Urteil des Europäischen Gerichtshofs für Menschenrechte. Das Gericht führte aus, dass der »Informationswert« der Berichterstattung für die Öffentlichkeit bei der Abwägung eine wichtige Rolle spiele. Je geringer dieser Informationswert sei, desto höher müsse der Schutz der Privatsphäre der absoluten Person der Zeitgeschichte bewertet werden. Da die von den Eheleuten veröffentlichten Fotos keine »Beiträge zu einer öffentlichen Debatte« darstellten, gab das Gericht dem klagenden Ehepaar in allen Fällen Recht. Dies allerdings wollten sich die betroffenen Verlage nicht gefallen lassen. Sie legten Berufungen beim Oberlandesgericht ein. Die Anwälte der Verlage führten an, dass absolute Personen der Zeitgeschichte die vorgefallenen Eingriffe in ihre Privatsphäre dulden müssten, da die Pressefreiheit den Rechten der Prominenten vorzuziehen sei. Das Oberlandesgericht Hamburg sah dies genauso. Es wies sämtliche Klagen von Caroline von Monaco und Ernst August ab.

Nun ging die Sache vor den Bundesgerichtshof[19]. Dieser nahm Bezug auf das Urteil des Europäischen Gerichtshofes für Menschenrechte und wies dementsprechend darauf hin, dass der Schutz der Persönlichkeit umso schwerer wiege, je geringer der Informationswert für die Allgemeinheit sei. Dieser Grundsatz müsse auch für Personen mit hohem Bekanntheitsgrad gelten. Die Richter untersuchten nun jedes Foto sowie die dazugehörigen Beiträge. Sie kamen zu dem Schluss, dass es sich zum Teil um Berichterstattung handle, die allein die bloße Neugier der Leser befriedige. Daher sei die Veröffentlichung der Fotos im Zusammenhang mit dem Urlaub in St. Moritz, der Geburtstagsfeier und auch die Abbildungen in einem Bericht über die Vermietung einer Villa unzulässig. Anders allerdings sehe es bei der Berichterstattung über die Erkrankung des damals regierenden Fürsten von Monaco aus. Bei dieser Erkrankung handele es sich um ein zeitgeschichtliches Ereignis. Darüber darf die Presse berichten. Wie dieser Artikel durch die yellow press gestaltet worden ist, sei unerheblich. Auch käme es auf den redaktionellen Gehalt des Beitrags nicht an, denn die Pressefreiheit lässt nicht zu, die Qualität des Presseerzeugnisses zu bewerten.

Fazit: Haben Fotos keinen objektiven Informationswert, so sind auch Prominente wie die beiden Kläger gegen Veröffentlichungen geschützt.

Relative Personen der Zeitgeschichte

Relative Personen der Zeitgeschichte sind nur auf Grund eines bestimmten Ereignisses, wie eines Unglücksfalls oder einer Straftat, in den Blickpunkt der Öffentlichkeit gerückt. Die Eigenschaft als Person der Zeitgeschichte hält nur so lange an wie das Interesse der Öffentlichkeit an dem konkreten Fall. Insbesondere bei Straftätern in spektakulären Kriminalfällen ist dies zu beachten: Sie sind Personen der Zeitgeschichte, aber nur solange der Fall in der Öffentlichkeit diskutiert wird. Etwas anderes gilt nur für die Fälle, die von historischer Bedeutung sind, etwa die RAF.

Aufgrund des Urteils des Europäischen Gerichtshofes für Menschenrechte wird es auf den Begriff der »Person der Zeitgeschichte« in Zukunft voraussichtlich nicht mehr oder nur noch begrenzt ankommen. Die Gerichte werden vielmehr in jedem Einzelfall untersuchen, ob ein »legitimes Informationsinteresse« der Öffentlichkeit besteht, da über ein »Ereignis von zeitgeschichtlicher Bedeutung« berichtet wird.

Sonderprobleme: Unschuldsvermutung und Opferschutz

Soweit Sie in Ihrem Buch etwa einen unaufgeklärten Mord durch eine spekulative Handlung »aufklären«, gilt hier besondere Vorsicht. Denn auch die Medien müssen das Rechtsgut der Unschuldsvermutung beachten, welches in Art. 6, Europäische Menschenrechtskonvention niedergelegt ist. So lange also noch keine rechtskräftige Verurteilung vorliegt, darf auch nicht der Eindruck erweckt werden, bestimmte Personen kämen als Täter in Frage.

Die Opfer von Verbrechen geraten meist völlig unverschuldet in die Öffentlichkeit. Daher dürfen sie grundsätzlich nicht erkennbar sein. Eine Ausnahme kann aber dann gelten, wenn das Opfer bei der Berichterstattung über das Verbrechen derart in den Mittelpunkt gerückt wurde, dass es selbst eine relative Person der Zeitgeschichte wurde.

Das Namensrecht

Das Namensrecht spielt in der Drehbuch-Praxis keine große Rolle. Daher soll es hier nur kurz erwähnt werden. Schutzobjekte des Namensrechts, das in § 12 des Bürgerlichen Gesetzbuches verankert ist, sind der bürgerliche Name, der Künstlername sowie Firmenname. Allerdings ist ein Name nur dann geschützt, wenn er bewirkt, dass der Namensträger von anderen Personen zu unterscheiden ist. Dies ist nicht der Fall bei Allerweltsnamen wie Müller oder Maier. Diesen Namen fehlt die sogenannte Kennzeichnungskraft. Soweit aber die erforderliche Kennzeichnungskraft gegeben ist, kann der betroffene Namensträger die Benutzung seines Namens dann verbieten, wenn der Namensgebrauch zu einer Verwechslungsgefahr führen kann. Eine solche Verwechslungsgefahr kann dann gegeben sein, wenn das Publikum eine Identität von tatsächlichem Namensträger und dem entsprechenden Namensträger im Film oder zumindest personelle oder organisatorische Zusammenhänge annimmt.

Hierzu folgender Beispielsfall aus der Rechtsprechung:

In einer Fernsehserie über einen Gutshof auf dem Lande ging es um die fiktive Landwirtsfamilie mit dem Namen »von Frankenberg«. Dadurch fühlte sich ein Münchner Bankkaufmann namens »von Frankenberg« in seinem Namensrecht verletzt. Die Richter des Oberlandesgerichts München[20] wiesen die Klage ab. Eine Verwechslungsgefahr sei hier aufgrund der unterschiedlichen beruflichen Aktivitäten nicht zu befürchten.

Können wirksame Vereinbarungen mit den Betroffenen geschlossen werden?

Ja. In solchen Verträgen erklärt der Betroffene sein Einverständnis, dass bestimmte Einzelheiten aus seinem Leben verfilmt werden dürfen. Verbunden wird dies meist mit der Zusicherung, dass er Ihnen exklusiv diesbezügliche Informationen und Materialien mitteilt bzw. übergibt. Auch sollte vereinbart werden, dass der Betroffene für mindestens drei Jahre keinem anderen dieselben oder ähnliche Informationen erteilt. Für den Fall, dass er gegen eine der Verpflichtungen verstößt, ist eine Vertragsstrafe zu vereinbaren.

Eine Einschränkung haben derartige Verträge jedoch durch das Opferanspruchssicherungsgesetz erfahren. So wurde es zunehmend als unbillig empfunden, dass Straftäter ihre Tat in den Medien gewinnbringend vermarkten konnten und hierdurch das Opfer zusätzlich im Blickpunkt der Öffentlichkeit stand. Das Gesetz bewirkt, dass die im Rahmen der Verträge mit dem Betroffenen gezahlten Honorare zugunsten der Opfer gepfändet werden können.

Achtung: Möglicherweise müssen auch Urheberrechte beachtet werden, wenn Betroffene oder auch Dritte die Geschichte in einer bestimmten Form aufgeschrieben haben und diese für den Film verwendet werden soll.

Da dieser Bereich hochsensibel ist, sollten Sie sachkundigen Rat einholen, um Ärger zu vermeiden.

3. Wie weit darf ich gehen?

Filmsatire

Der eingangs skizzierte Fall des bekannnten, pleitegegangenen Baulöwen beschäftigte das Landgericht Hamburg sowie das Hanseatische Oberlandesgericht. Beide haben den Antrag auf Erlass der einstweiligen Verfügung aber zurückgewiesen. Begründet hat das Oberlandesgericht dies damit, dass durch die beanstandeten Szenen zwar in gewissem Umfange in die Rechte des Bauunternehmers und seiner Ehefrau eingegriffen werde, dies aber durch das Grundrecht der Freiheit der Kunst gedeckt werde.

Das Gericht führte aus, dass der normale Filmbetrachter die einzelnen beanstandeten Szenen nicht so verstehe, dass darin bestimmte Vorgänge aus dem Leben des Ehepaares konkret oder zumindest im Kern realitätsgetreu oder gar dokumentarisch dargestellt würden oder werden sollten. Durch den Hinweis im Vorspann, dass Ähnlichkeiten mit lebenden oder flüchtigen Personen rein zufällig, aber unvermeidbar seien, sei dem Betrachter der Charakter der Satire deutlich gemacht.

Eine Ähnlichkeit des realen Ehepaares mit dem im Film dargestellten Ehepaar Schuster bejahte das Gericht ohne Weiteres. Der gesamte Film zeige aber, dass es sich um eine – an das reale Ehepaar nur angelehnte – satirische, komödienhafte Geschichte handele. Dies werde insbesondere durch die karikierenden Übertreibungen, Entstellungen und Verzerrungen deutlich. Auch gäbe es offensichtliche Abweichungen des Lebens der Eheleute Schuster mit dem des realen Ehepaares.. Eine solche erkennbare Satire könne einen beachtlichen Freiraum beanspruchen. Etwas anderes würde nur dann gelten, wenn es sich bei dem Filmwerk insgesamt oder bei einzelnen Szenen um eine in hohem Grade anstößige oder herabwürdigende Darstellung des realen Ehepaares oder um eine Schmähung handeln würde.

Auch in der von den Klägern besonders hervorgehobenen Szene, welche den Besuch Schusters bei einer Prostituierten zeigt, könne keine Beeinträchtigung der Privat- oder Intimsphäre zu sehen sein. Durch diese karikaturhaften Szenen werde

> nämlich nicht der Eindruck erweckt, dass der Bauunternehmer tatsächlich Prostituierte aufgesucht habe.

Maßgeblicher Punkt für das Oberlandesgericht war somit, dass es sich hier um eine für den Zuschauer erkennbare Satire gehandelt hat, welche augenfällig keine wirklichkeitsgetreue Darstellung sein wollte und sich im Rahmen des der Satire zuzubilligenden Freiraumes gehalten hat.

Wann dieser Freiraum überschritten wird, muss im Einzelfall untersucht werden. Bei dieser Einzelfall-Prüfung sind alle Begleitumstände einzubeziehen. Grundsätzlich gilt aber, dass Personen, die im öffentlichen Leben stehen, in verstärktem Maße Zielscheibe satirischer Kritik sein dürfen.

Jedoch kann eine Satire oder Karikatur etwa dann unzulässig sein, wenn sie aus der Luft gegriffen ist, also keinen realen Ansatzpunkt hat. Auch kann der zulässige Freiraum der Satire dann gesprengt sein, wenn eine Ehrverletzung wie im Folgenden stattfindet:

> Das Bundesverfassungsgericht[21] hatte über die Zulässigkeit einer Karikatur des früheren Bayerischen Ministerpräsidenten Franz Josef Strauß (zu dessen Lebzeiten) zu entscheiden, die diesen als sich sexuell betätigendes Schwein in der Zeitschrift »konkret« darstellte. Das Gericht führte aus, dass gerade die Darstellung sexuellen Verhaltens, das beim Menschen auch heute noch zum schutzwürdigen Kern seines Intimlebens gehöre, Strauß als Person entwerten, ihn seiner Würde als Mensch entkleiden würde. Derartige Eingriffe in die Menschenwürde seien von der Kunstfreiheit nicht gedeckt.

Allgemein gültige Regeln zur Zulässigkeit von Satire können nicht aufgestellt werden, da jeweils die Umstände des Einzelfalles entscheiden. Kommt es zum Streitfall, wird ein Gericht darüber befinden, ob sich die betroffene Satire oder Karikatur im zulässigen Rahmen bewegt.

Comedy

Auch wer im Bereich »Comedy« schreibt, hat es im Hinblick auf Persönlichkeitsrechte eher leicht. Die Gerichte messen der Kunst- und Meinungsfreiheit, die das Grundgesetz garantiert, einen hohen Stellenwert zu. Aber auch hier gibt es Grenzen, wie folgende Entscheidung zeigt:

Zum zwölften Mal innerhalb von zwei Jahren hat eine bekannte ehemalige Tagesschausprecherin im Jahr 1999 in der Presse ihre Hollywood-Pläne veröffentlichen lassen. Blätter wie »Bild« oder »Bunte« nahmen diese Nachricht immer gerne auf, wenn auch zwischenzeitlich mit einem ganz anderen Unterton. So »kommentierte« »Bild« unter anderem mit »gähn« und »die Lufthansa überlegt wohl gerade, ob sie einen Sonderschalter ›S.-L.A.‹ einrichtet«.

Die Schuld an ihrem gesunkenen Ansehen gab die Ex-Tagesschausprecherin unter anderem Harald Schmidt. Wegen der gespielten Sexszenen in dessen Show habe sie »Einladungen zu Galas und den Werbeauftrag der Firma Schwarzkopf verpasst«, behauptete sie in einem gegen den Entertainer angestrengten Prozess.

Was vorfiel, ging durch die gesamte Presse: In der Harald-Schmidt-Show war die Frau – dargestellt durch eine Schauspielerin – bei Aufnahmen zu einem Porno in derb-grotesker Weise gezeigt worden. Das Ganze nannte sich »Making of von Basic Instinct II«. Es wurde dabei über die immer wiederholten Aufnahmen berichtet (»Fickszene, die 25.«). Dabei sprechen der »Regisseur« und dessen Assistentin die Schauspielerin immer wieder mit »Frau S.« an. Da die Blondine so schlecht spielt, wird sie mehrfach aufgefordert, natürlicher und leidenschaftlicher zu agieren. Der Beitrag endete in einer wüsten Ermordung des Filmpartners. Um diese Spielszene wurde – unter anderem durch Frau S. – solch ein Wirbel gemacht, dass das Thema ausführlich in der breiten Öffentlichkeit diskutiert wurde und die Ex-Tagesschausprecherin schließlich vor Gericht zog. Sie verlangte dreierlei: Erstens dürfe der Beitrag nicht mehr ausgestrahlt werden. Zweitens müsse ihr der Schaden, der ihr durch die Ausstrahlung der Szene entstanden sei und noch entstehen würde, ersetzt werden, und drittens müsse Schmerzensgeld bezahlt werden. Die Höhe des Schmerzensgeldes solle das Gericht bestimmen, mindestens seien jedoch 50.000 DM anzusetzen.

Für den Zuschauer sei nicht erkennbar, ob es sich in dem Film um sie selbst oder eine dritte Person gehandelt habe, ließ sie durch ihren Rechtsanwalt zur Begründung vortragen. Es werde mit dieser Szene die Behauptung aufgestellt, sie spiele in derben pornografischen Sexfilmen mit. Dabei habe sie weder in Sexfilmen mitgespielt, noch werde sie dies zukünftig tun. Als Zeugen hierfür nannte sie ihren Ehemann und Manager. Auch werde durch den Beitrag der Eindruck erweckt, als sei sie nur geeignet, in Sexfilmen mitzuspielen und das nicht einmal gut. Insgesamt sei sie in ihrem Persönlichkeitsrecht beeinträchtigt und zwar besonders im Bereich der Intimsphäre. Ihre Ehre, ihr Anstandsgefühl, ihr Ansehen und ihre Würde seien verletzt worden. Sie selbst habe zu einer solchen Darstellung durch ihr Verhalten keinen Anlass gegeben.

Ganz anders sahen dies die Beklagten SAT 1 und Harald Schmidt. Frau S. habe sich ihr Image selbst zuzuschreiben. Der Beitrag sei eine satirische Auseinandersetzung mit ihren – von der Öffentlichkeit als naiv angesehenen – Träumen, in Hollywood Filmstar zu werden. So sei in den Medien mit ihr ausführlich über ihre fehlende Erfahrung als Filmschauspielerin diskutiert worden. Sie selbst allerdings sprach von großen Hollywood-Produktionen und ließ sich mit Sharon Stone vergleichen. Dieser überschäumende, naive Optimismus verbunden mit erkennbarer Selbstüberschätzung hätten Eingang in die Spielszene gefunden. Die Satire sei vom Zuschauer eindeutig erkennbar gewesen. Durch die absurden Dialoge, die eingeblendeten Regieanweisungen und das skurrile Ende des Kurzfilms sei klar, dass es sich nicht um reale Dreharbeiten zum zweiten Teil von »Basic Instinct« handle. Satire sei in diesem Rahmen von den Grundrechten der Kunstfreiheit (Artikel 5 Absatz 3 Grundgesetz) und der Meinungsfreiheit (Artikel 5 Absatz 1 Satz 1 Grundgesetz) gedeckt.

Das angerufene Landgericht Hamburg[22] ordnete die Szenerie im Bereich der »Kunst« ein, bemerkte dazu aber, dass eine »Niveaukontrolle«, also eine Unterscheidung zwischen guter und schlechter Kunst, nicht vorgenommen werde. Der Beitrag werde durch das für die Satire typische Spott- und Zerrbild der Wirklichkeit geprägt. Die dargestellten Dreharbeiten würden scherzhaft überzeichnet. Dem Zuschauer, besonders dem Satirekundigen, würde die Szene als Persiflage zweifellos erkennbar sein. Das Sachverständigengutachten, welches Harald Schmidt hierfür in Auftrag geben wollte, brauchten die Richter nicht. Argument: Eigene Sachkunde des Gerichts.

Aber selbst die durch das Grundgesetz geschützte Satire darf nicht alles. Auch hier gibt es Grenzen. Eine solche Einschränkung kann das Persönlichkeitsrecht, insbesondere das Recht auf Intimsphäre, darstellen. Gerade diese Rechte werden durch den genannten Kurzfilm berührt. Zwar sei dem Zuschauer bewusst, dass die im Beitrag gezeigte Frau nicht die ehemalige Tagesschausprecherin ist. Die Szene sei aber auf das Erkennen der Schauspielerin als Frau S. ausgerichtet. Damit werde in einer ehrverletzenden Weise in die Intimsphäre der Frau eingegriffen. Gerade die Darstellung des sexuellen Verhaltens entwerte sie als Person und nehme ihr ihre Würde als Mensch. Der Beitrag darf deshalb nicht mehr gezeigt werden.

Dass Harald Schmidt am schlechten Image der Ex-Tagesschausprecherin jedoch schuld sein soll, konnten die Richter nicht nachvollziehen. Das Ansehen von Frau S. habe sich dadurch verändert, dass sie ihre Stellung als Tagesschausprecherin aufgegeben habe und die Medien nunmehr erotische Fotos von ihr veröffentlicht hätten. Ein Anspruch auf Schadensersatz bestünde daher nicht. Auch Schmerzensgeld gibt es keines. Denn für Harald Schmidt habe es nicht auf der Hand gelegen, dass er die Grenze zulässiger Satire überschreite. Man könne ihm nur vorwerfen, dass er die rechtliche Grenzziehung auf einem außerordentlich schwierigen Gebiet fahrlässig verfehlt habe.

Dokumentarfilm und Doku-Drama

Dokumentarfilm

Beim reinen Dokumentarfilm, in dem ohne fiktionale Elemente tatsächliches Geschehen gezeigt werden soll, müssen die Begebenheiten auch wirklichkeitsgetreu dargestellt werden. Es dürfen dann keine unzutreffenden Behauptungen aufgestellt werden. Von den Personen, die im Film gezeigt oder durch Darsteller in erkennbarer Weise nachgestellt werden, sind im Vorfeld die Einwilligungen einzuholen. Ausnahmen können bei Personen der Zeitgeschichte gelten.

Doku-Drama

Gerade in den vergangenen Jahren wurden immer mehr Fernseh- und Kinoproduktionen realisiert, deren Grundlage tatsächliche Geschehnisse sind, welche aber mit fiktionalen Elementen ausgeschmückt wurden. Und damit kam es zu einem sprunghaften Anstieg von Klagen durch Betroffene, die sich in ihren Persönlichkeitsrechten verletzt sahen. Im Folgenden eine kurze Übersicht über die maßgeblichen Entscheidungen:

Der Fall »Contergan – Eine einzige Tablette«

Der Contergan-Skandal sollte Thema einer zweiteiligen Fernsehproduktion werden. Noch bevor der Film fertiggestellt war, klagten im Jahre 2006 das betroffene Pharmaunternehmen sowie einer der seinerzeitigen Opferanwälte gegen die Ausstrahlung des Filmes. Sie sahen sich durch das Drehbuch in ihren Persönlichkeitsrechten verletzt. Vor dem Landgericht Hamburg[23] konnten sie zunächst einen Sieg erringen. Das Gericht ging davon aus, dass die Kläger in ihren Persönlichkeitsrechten verletzt seien. Das Oberlandesgericht Hamburg[24] hob die entsprechenden Entscheidungen aber größtenteils wieder auf, unter anderem mit folgenden Argumenten:

- Grundlage einer solchen Entscheidung könne immer nur der fertige Film, nicht aber das Drehbuch sein.
- Der Film sei ein Spielfilm und kein Dokumentarfilm. Das Schicksal einer Familie werde vor dem Hintergrund einer tatsächlichen Begebenheit – des Conterganskandals – dargeboten. Für künstlerische Freiheiten sei größerer Raum und der Wahrheitsmaßstab sei grundsätzlich weniger streng.
- Wenn ein Film Einblicke in das Privatleben eines Protagonisten – hier einem der seinerzeitigen Opferanwälte – gewähre, so erwarte der Zuschauer nicht, dass solche Einblicke in das Privatleben nach Verstreichen von 40 Jahren von einer hohen Wirklichkeitstreue getragen seien. Es erschließe sich für das Publikum vielmehr sofort, dass es sich um eine Fiktion handle.

In unter anderem folgendem Punkt gab das Gericht jedoch der Pharmafirma Recht:

- Wenn der Zuschauer den Eindruck bekommt, dass eine im Film gezeigte Handlung objektiv belegbar sei, müsse ein deutlich höheres Maß an die Wahrheitsnähe gelegt werden. Dementsprechend sei es nicht statthaft, im Film einen Privatdetektiv unbelegte, extrem bedenkliche Recherche- und Zermürbungstätigkeiten gegenüber den Opferanwälten ausführen zu lassen. Dies sei eine eindeutige Darstellung mit negativer Tendenz, und es erschließe sich einem verständigen Zuschauer nicht, ob es sich hierbei um belegbare historische Begebenheiten handele.

Mit kleinen Änderungen sollte der Film also gezeigt werden können.

Das Pharmaunternehmen war mit dieser Entscheidung nicht einverstanden und erhob Verfassungsbeschwerde und stellte einen Eilantrag gegen die Ausstrahlung des Filmes. Der Eilantrag wurde abgelehnt und der Film (dem Urteil des Oberlandesgerichts Hamburg entsprechend abgeändert) im Fernsehen ausgestrahlt.

Der Fall »Esra«

Eine weitere wegweisende Entscheidung traf der Bundesgerichtshof in der Sache »Esra«. Es ging dabei um den Roman des Schriftstellers Maxim Biller, der eine Liebesgeschichte zum Gegenstand hat. Eine ehemalige Lebensgefährtin des Autors sowie deren Mutter sahen sich in dem Roman porträtiert und klagten gegen die Veröffentlichung. Mit Recht, so der Bundesgerichtshof[25]. Zumindest für einen gewissen Personenkreis sei die ehemalige Lebensgefährtin und deren Mutter in dem Buch erkennbar. Durch die teilweise intimen Schilderungen seien die Klägerinnen in ihren Persönlichkeitsrechten verletzt. Durch die Kunstfreiheit seien diese Persönlichkeitsrechtsverletzungen nicht zu rechtfertigen.

Das Buch wurde verboten.

Der Fall »Der Kannibale von Rotenburg«

Der sogenannte »Kannibale von Rotenburg« hatte im Jahre 2001 einen 43-jährigen – mit dessen Einverständnis – getötet, zerstückelt und das Fleisch seines Opfers teilweise gegessen.

Er wurde später wegen Mordes zu einer lebenslänglichen Haftstrafe verurteilt. Eine US-Produktionsfirma verfilmte den Mordfall und ließ ihn als »Real-Horrorfilm« bewerben. In dem Film werden die Lebensgeschichte des Täters, seine Persönlichkeit sowie der Tathergang im Detail erzählt. Der Täter wollte die Veröffentlichung des Films unter allen Umständen verhindern. In den unteren Instanzen hatte er damit auch Erfolg. Die Veröffentlichung des Films wurde zunächst untersagt. Mit Urteil vom 26.05.2000[26] entschied der Bundesgerichtshof aber anders: Die grundgesetzlich garantierte Kunst- bzw. Filmfreiheit stehe in diesem Fall über den Persönlichkeitsrechten des Mörders. Es sei zwar richtig, dass der Film den Täter als Person erheblich belaste, weil er die Tat auf stark emotionalisierende Weise in Erinnerung rufe. Dies berühre auch den besonders schutzwürdigen Kern der Privat- und Intimsphäre des Klägers. Diese Informationen bezögen sich jedoch unmittelbar auf die Tat und die Person des Klägers. Daher dürften diese Details erzählerisch dargestellt werden. Ohnehin habe der Kläger an der kommerziellen Auswertung seiner Lebensgeschichte durch die Medien bereits selbst mitgewirkt, so dass sämtliche Einzelheiten der Tat der Öffentlichkeit bekannt seien. Nach Abwägung zwischen den Rechten des Klägers und der Kunst- beziehungsweise Filmfreiheit müsse das Persönlichkeitsrecht zurückstehen, so der Bundesgerichtshof.

Der Film konnte daher veröffentlicht werden.

Der Fall »Der Baader Meinhof Komplex«

Die Constantin Film beabsichtigte nach dem Buch von Stefan Aust mit dem Titel »Der Baader Meinhof Komplex« eine aufwendige Filmproduktion zu realisieren. Auch hier jedoch gab es erhebliche Probleme mit einer Betroffenen, einer der Töchter von Ulrike Meinhof.

Die 1962 geborene Tochter von Ulrike Meinhof hatte nicht in die Darstellung ihrer Person im Film eingewilligt. Um Ärger zu vermeiden, sandte die Constantin den beiden Töchtern der Ex-Terroristin vorab die Auszüge aus dem Drehbuch, die die beiden Frauen in ihrer Kindheit – dargestellt durch zwei Kinderdarstellerinnen – zeigen sollten. Es ging dabei um Szenen eines Familienurlaubs auf Sylt, des Auszugs von Ulrike Meinhof aus der gemeinsamen Wohnung mit dem Vater sowie der Entführung der Kinder durch ihre Mutter nach Sizilien. Eine der Schwestern war mit der Verfilmung nicht einverstanden. Sie wollte unter allen Umständen verhindern, dass ihr Bildnis als Kind, wie im Drehbuch geplant, veröffentlicht werden würde. Sie beantragte daher den Erlass einer einstweiligen Verfügung gegen die Produktionsfirma vor dem Landgericht München[27]. Das Gericht stellte zunächst fest, dass die Klägerin im geplanten Film eindeutig als Tochter von Ulrike Meinhof zu erkennen sei. Auch die Anwälte der Constantin widersprachen dem nicht. Es sei gerade die Absicht zu zeigen, dass das seinerzeitige RAF-Mitglied ein Familienleben und Kinder hatte. Damit, so die Richter, sei das Persönlichkeitsrecht der Klägerin betroffen. Die Szenen würden Geschehnisse im engsten familiären Bereich zeigen und damit ihre Privatsphäre berühren. Die Tocher von Ulrike Meinhof habe daher ein erhebliches Interesse daran, dass – möglicherweise traumatische – Kindheitserlebnisse nicht zum Gegenstand einer öffentlichen Diskussion gemacht werden.

Andererseits befasse sich der Film nicht hauptsächlich mit der Tochter, sondern mit der Mutter, Ulrike Meinhof. Bei Ulrike Meinhof handle es sich um eine Person der Zeitgeschichte. Denn bis heute ist die Baader Meinhof-Gruppe bzw. die RAF Gegenstand politischer und historischer Auseinandersetzung. Es bestehe daher immer noch ein erhebliches Informationsbedürfnis der Öffentlichkeit. Zum Verständnis der Mitglieder der Baader Meinhof-Gruppe sei es aus heutiger Sicht gerade auch von Bedeutung, in welchem Bezug ihr Handeln zu ihrem soziale und familiären Umfeld stand. Dies sei zu Gunsten der Constantin Film zu berücksichtigen.

Die Richter nahmen nun eine Abwägung der beiden Grundrechte, einerseits des Persönlichkeitsrechts der Klägerin, andererseits der Meinungs- und Kunstfreiheit der Constantin vor. Das Landgericht München I kam dabei zu dem Schluss, dass das Recht auf Meinungs- und Kunstfreiheit hier überwiegt. Eine sofortige Beschwerde der Klägerin beim Oberlandesgericht München[28] gegen das Urteil wurde abgewiesen.

Fazit:

Wenn Sie über eine Person der Zeitgeschichte schreiben, beachten Sie also insbesondere folgende Maßgaben:

- Ihr Drehbuch darf keine unwahre Darstellung enthalten, wenn Sie den Anspruch erheben, die Geschehnisse wirklichkeitsgetreu aufzuzeigen.
- Eine Darstellung die in die Intim- und Privatsphäre eingreift, ist grundsätzlich unzulässig.
- Der Grundsatz der Unschuldsvermutung muss gewahrt werden.
- Die Art und Weise der Darstellung darf den guten Ruf oder die Ehre der Betroffenen nicht verletzen.
- Auch das Genre spielt eine Rolle: Im Rahmen der Satire können Sie sich deutlich mehr erlauben als etwa beim reinen Dokumentarfilm.

Die Haftung bei Rechtsverletzungen

Haben Sie eine Persönlichkeitsrechtsverletzung verursacht, kann dies teuer werden. Denn je nach Lage des Einzelfalles kann der Verletzte folgende Ansprüche geltend machen:

- Unterlassung (entweder mit einer einstweiligen Verfügung oder im Wege der sogenannten Hauptsacheklage), dann kann der Film gegebenenfalls nicht ausgestrahlt werden.
- Schadensersatz und Geldentschädigung
- Gegendarstellung und Berichtigung (nur wenn die Veröffentlichung eine Tatsachenbehauptung enthält)
- Vernichtung oder Herausgabe des Bildmaterials

Daher sollten Sie im Rahmen Ihres Drehbuch- oder Konzeptvertrages dafür sorgen, dass die Produktionsfirma oder der Sender die Haftung im Falle einer Persönlichkeitsrechtsverletzung übernehmen. Weitere Informationen hierzu finden Sie im Kapitel »Verträge«.

»Ich möchte mit allem Nachdruck betonen, dass ich ins Filmgeschäft nur in der Hoffnung eingestiegen bin, aus meiner Frau einen Star zu machen.«

Jean Renoir, in: »Mein Leben und meine Filme«, Zürich 1992, Seite 43

Kapitel 12: Arbeit im Autorenteam

Wenn Sie gemeinsam mit Ihrem Co-Autor ein Drehbuch schreiben, sind Sie beide Urheber, sogenannte Miturheber des Skripts. Die rechtlichen Folgen einer solchen Zusammenarbeit sind weitreichend, wie folgende Antworten zeigen:

Wer entscheidet, was aus dem Buch wird?
Steht die Entscheidung an, welchem Produzenten das Buch verkauft werden soll, muss im Vorfeld eine einvernehmliche Entscheidung zwischen Ihnen und Ihrem Mitautor getroffen werden. Verkauft ein einzelner Miturheber Rechte am Buch, ohne die Co-Autoren zu fragen, ist der Verkauf unwirksam. Die Co-Autoren können wegen Rechtsverletzung gegen den Miturheber vorgehen.

Spätere Änderungen des Drehbuches können nur gemeinsam vorgenommen werden
Verlieren sich die Autoren aus den Augen oder gibt es Missstimmungen, so dürfen einzelne Autoren aus dem Team keine Änderungen an dem gemeinsamen Werk vornehmen. Jede Änderung darf nur mit Einverständnis sämtlicher Mitautoren vorgenommen werden.

Was tun, wenn einer der Autoren die Verwertung des Buches blockiert?
Sie haben zu dritt ein Buch verfasst und es verschiedenen Produzenten geschickt. Interessiert war aber keiner. Ihre beiden Mitautoren zeigen es nun einem weiteren Produzenten, mit dem die beiden gut befreundet sind, den Sie allerdings nicht mögen. Diesem gefällt das Buch, und er will die Rechte daran erwerben – noch dazu zu einem ungewöhnlich hohen Preis. Können Sie das Geschäft verhindern? Nein. Solange kein triftiger Grund besteht, können Sie Ihre Einwilligung in einen solchen Verkauf nicht verweigern. Denn Sie müssen grundsätzlich auf die Interessen Ihrer Mit-Verfasser Rücksicht nehmen. Und die wollen das Angebot natürlich annehmen. Die persönliche Abneigung eines einzelnen Miturhebers

ist, jedenfalls wenn nicht noch andere Gründe dazukommen, kein Anlass, der eine Verweigerung der Einwilligung rechtfertigt. Im schlimmsten Fall können die Co-Autoren Sie verklagen, die geforderte Einwilligung abzugeben.

Ein Anlass, die Einwilligung zu verweigern, liegt zum Beispiel in folgendem Fall vor: Ihre beiden Miturheber haben die gemeinsam verfasste anspruchsvolle Liebesgeschichte einem Pornoproduzenten angeboten, ohne Sie darüber zu informieren. Einen Verkauf Ihres Stoffes an diesen müssen Sie nicht akzeptieren.

Wie verteilt man die Vergütung im Autorenteam?

Die Einnahmen sollen nach dem Umfang der jeweiligen Mitwirkung aufgeteilt werden. So sagt es das Gesetz (§ 8 Absatz 3 Urheberrechtsgesetz). Damit müssen also die Anteile, die der einzelne Miturheber erbringt, bewertet werden. Dabei geht es um »Umfang« und nicht um »Bedeutung«.

Wann endet die Miturheberschaft?

Die Gemeinschaft, die durch die Arbeit im Autorenteam entsteht, endet erst mit Ablauf der Schutzfrist (also 70 Jahre nach dem Tod des am längsten Lebenden der Miturheber). Das heißt, dass sich sogar die Erben noch an die Regelungen der Miturheberschaft halten müssen.

Bearbeitung des Drehbuches durch einen anderen Autor

Etwas anderes gilt dann, wenn Sie beauftragt werden, das bereits bestehende Drehbuch eines anderen Autors zu bearbeiten. Sie sind dann nicht Miturheber, sondern Bearbeiter. Aber auch als Bearbeiter können Sie eigene Urheberrechte erwerben. Denn der von Ihnen geschaffene Teil des Buches wird urheberrechtlich Ihnen zugeordnet.

Gesellschaft bürgerlichen Rechts

Wenn Sie zu zweit oder zu mehreren gemeinsam ein Drehbuch verfassen, bilden Sie automatisch und ohne jedes Zutun eine Gesellschaft bürgerlichen Rechts. Dies hat verschiedene Konsequenzen, auch in steuerlicher Hinsicht. Den gesetzlichen Rahmen für die Gesellschaft bürgerlichen Rechts finden Sie im Bürgerlichen Gesetzbuch. Da die Regelungen im Bürgerlichen Gesetzbuch nur den gesetzlichen Rahmen für die Gesellschaft bilden, kann es sinnvoll sein, zusätzliche Vereinbarungen, abgestimmt auf Ihre Belange, in einem Gesellschaftervertrag zu treffen. Lassen Sie sich diesbezüglich von einem Steuerberater und einem Gesellschaftsrechtler beraten.

»You write a hit play the same way you write a flop.«

William Saroyan, zitiert aus William Froug, »zen and the art of screenwriting« Los Angeles 1996, Seite 251

Kapitel 13: Titelschutz

Nachdem der Film »Ein Käfig voller Narren« erfolgreich gelaufen war, hat ein anderer Produzent seinen Film »Ein Zwinger voll Verrückter« genannt. Dies ließen die Richter des Landgerichts München II sowie das Oberlandesgericht München[29] nicht durchgehen. Sie sprachen von »Schmarotzen«. Der Produzent hatte offensichtlich gehofft, dass das Publikum von einer Fortsetzung oder einem Vorgänger des erfolgreichen Filmes ausgeht. Sinn der Titelfindung »Ein Zwinger voll Verrückter« sei gewesen, so das Gericht, sich an den Erfolg des anderen Filmes anzuhängen. Die Verwendung des Titels wurde der Produktion verboten.

Worum geht es beim Titelschutz?

Beim Titelschutz geht es im Wesentlichen um zwei Dinge:

- Der von Ihnen für Ihr Projekt gewählte Titel soll nicht in gleicher oder ähnlicher Form für einen anderen Film genutzt werden, denn sonst könnte die Gefahr der Verwechslung zwischen den beiden Filmen entstehen.
- Außerdem soll durch den Titelschutz auch vor Nachahmern geschützt werden.

Die Grundlagen des Schutzes für Filmtitel finden sich im Markengesetz und im Wettbewerbsrecht. Das Urheberrecht spielt hier in der Regel keine Rolle.

Schutz vor Verwechslung

Wann liegt Verwechslungsgefahr vor? Hier einige Beispiele aus der Rechtsprechung. Da es zu diesem Bereich nur wenige Entscheidungen gibt, sind auch sehr alte Urteile mit aufgeführt:

Verwechslungsgefahr wurde bei folgenden Titeln bejaht:

»Das Kabinett des Dr. Caligari«	und	»Das letzte Experiment des Dr. Caligari«[30]
»Bericht einer 17-Jährigen«	und	»Roman einer 17-Jährigen«[31]
»King Kong«	und	»Queen Kong«[32]
»Superman«	und	»Supersonicman«[33]

Abgelehnt wurde eine Verwechslungsgefahr bei folgenden Titeln:

»Drei Uhr nachts« und »Stockholm zwei Uhr nachts«[34]

»Stahlnetz« und »Im Stahlnetz des Dr. Mabuse«[35]

Wie Sie an den Beispielen erkennen können, richtet sich die Frage der Verwechslungsgefahr nach dem Sinn der Titel, der Klangwirkung und dem Wortbild. Letztendlich entscheidet aber der Gesamteindruck der beiden betroffenen Titel.

Schutz vor Nachahmern

Der Titelschutz soll auch »Trittbrettfahrer« abwehren. So wurde einem Fernsehsender die Nutzung des Titels »Gute Nachbarn, schlechte Nachbarn« für eine Serie untersagt. Ganz offensichtlich hatte sich der Sender von dem erfolgreichen Serientitel »Gute Zeiten, schlechte Zeiten« inspirieren lassen. Hier sollte ein »Imagetransfer« stattfinden, urteilten die Richter und verboten die Verwendung.

Voraussetzungen für den Titelschutz

Ihr Titel muss unterscheidungsfähig sein, damit die Zuschauer Ihren Film von anderen Filmen unterscheiden können. Reine Gattungsbegriffe wie etwa »Reisefilm« für einen Reisefilm sind nicht geschützt. Ansonsten werden aber keine besonders hohen Anforderungen an einen Titel gestellt.

Freititel

Völlig frei nutzbar sind Titel zum Beispiel von historischen Persönlichkeiten (z.B. Napoleon), geografische Bezeichnungen (z.B. »Wolga«), historische Zeitangaben (etwa »Der 20. Juli«), Titel gemeinfreier Werke (etwa alte Märchen) oder reine Gattungsnamen oder Inhaltsbeschreibungen. Wer also einen Film über Napoleon macht, kann diesen Film auch »Napoleon« nennen, egal wie viele Filme es schon über Napoleon gibt, die »Napoleon« heißen.

Titelrecherche

Wenn Sie Ihren Titel auswählen, können Sie recherchieren lassen, ob dieser Titel noch frei ist. Solche Titelrecherchen führen verschiedene Firmen durch. Da eine umfassende Recherche teuer ist, sollten Sie dies dem Produzenten überlassen.

Wie schütze ich meinen Titel, und wann beginnt der Schutz?
Der Titel Ihres Drehbuches hat zwei Aufgaben: Einerseits kennzeichnet er Ihr Buch, andererseits soll der spätere Film danach benannt werden. Bedeutung in der Praxis bekommt Ihr Titel als Bezeichnung für den herzustellenden Film.

Der Titelschutz beginnt automatisch mit der öffentlichen Vorankündigung, üblicherweise mit einer Titelschutzanzeige. Eine solche veröffentlicht im Normalfall der Produzent.

Titelschutzanzeige

Eine Titelschutzanzeige kann in einer der Filmfachzeitschriften oder im Titelschutzanzeiger geschaltet werden. Titel von Kinofilmen können auch im SPIO-Titelregister eingetragen werden (Die SPIO ist die »Spitzenorganisation der Filmwirtschaft e.V.«).

Ist eine Titelschutzanzeige veröffentlicht worden, so muss der Film mit dem geschützten Titel innerhalb einer angemessenen Frist tatsächlich vorbereitet werden. Sonst verfällt der Schutz. Als angemessene Frist ist ein Zeitraum von etwa sechs bis neun Monaten anzusetzen. Die Titelschutzanzeige kann jedoch auch wiederholt werden. Dann beginnt die Schutzfrist neu zu laufen.

Ist eine Anmeldung des Titels beim Patent- und Markenamt sinnvoll?
Für Sie als Autor ist die Eintragung Ihres Titels als Marke nur in Ausnahmefällen sinnvoll. Üblicherweise übertragen Sie dem Produzenten oder Sender das Recht zur Nutzung Ihres Titels. Für Filmhersteller oder Sender kann die Anmeldung des Titels beim Patent- und Markenamt in bestimmten Fällen durchaus sinnvoll sein.

Falls Sie Ihren Titel doch als Marke anmelden möchten, können Sie das Formular und Informationen hierzu im Internet herunterladen unter www.dpma.de .

Kann mein Titel Urheberrechtsschutz genießen?
Der Titel kann theoretisch auch durch das Urheberrecht geschützt sein. Praktisch hat man damit aber kaum eine Chance. In den Fällen, in denen Autoren urheberrechtlichen Titelschutz eingeklagt haben, haben sie fast immer verloren. Dieser Weg ist daher nicht ratsam.

Was tun, wenn mein Titel später von einem anderen in identischer oder ähnlicher Weise genutzt wird?
Wenn die Gefahr einer Verwechslung der beiden Titel besteht, können Sie Unterlassung und gegebenenfalls Schadensersatz verlangen.

»Verhandeln ist eine Mischung aus Schach, Boxen und Pokern. Wie beim Schach gibt es den zermürbenden Stellungskrieg und die große Attacke, die geniale Idee und den winzigen Vorteil und die ständig neu zu beantwortende Frage, ob der letzte Zug des Gegners Einfalt oder Gerissenheit verrät. Wie beim Boxen gibt es Tiefschläge, die zum Erfolg aber auch zur Disqualifikation führen können, und wie beim Pokern sind gute Nerven nicht von Schaden.«

Heinz-Georg Macioszek, in »Chruschtschows dritter Schuh«, Hamburg 1995, Seite 7

Kapitel 14: Verträge

In diesem Kapitel sollen Ihnen wichtige Vertragstypen und einige in der Praxis häufig auftretende Interessenskonflikte aufgezeigt werden.

Denken Sie vor Beginn jeder Vertragsverhandlung auch an Ihre mittel- und langfristigen Interessen. Gerade wenn Sie Neueinsteiger sind und den Fuß erst einmal in die Tür kriegen möchten, kann allzu hartes Verhandeln schnell das Aus bedeuten. Andererseits sollten Sie unüblich schlechte Vertragsbedingungen nicht akzeptieren. Denn auch für Einsteiger gelten bestimmte Untergrenzen. Diese lassen sich bei Kollegen oder Sendern oder natürlich bei Ihrem Agenten oder Anwalt erfragen.

Üblicherweise wird der Produzent Ihnen einen Vertragsentwurf zukommen lassen. Es kann sich handeln um:

*   einen Optionsvertrag, soweit ein Exposee, Treatment oder Drehbuch schon vorhanden ist,
*   einen Exposee- oder Treatmentvertrag, soweit Sie noch kein Exposee oder Treatment verfasst haben,
*   einen Drehbuchvertrag, soweit das Drehbuch noch nicht verfasst ist (der häufig die Erstellung eines Exposees und Treatments umfasst).

1. Optionsvertrag

Haben Sie ein Exposee oder Drehbuch ohne Auftrag verfasst und dies präsentiert, so kommt es oft zu folgender Situation: Dem Produzenten gefällt der Stoff. Er möchte versuchen, mit dem Exposee oder Drehbuch einen Partner (entweder einen Sender, einen Co-Produzenten und/oder Verleiher) zu finden. Zu diesem

Zeitpunkt will er jedoch noch kein finanzielles Risiko eingehen. Daher optioniert er die Rechte gegen einen Bruchteil des Betrages, den der Erwerb der Rechte kosten würde. So kann er sich beruhigt auf die Suche nach Partnern machen.

Wichtig für den Produzenten kann die Option auch bei den Anträgen auf Filmförderung werden. Üblicherweise müssen diesen Anträgen entsprechende Optionsverträge mit dem Exposee-, Treatment- oder Drehbuchautor beigelegt werden.

Bitte beachten Sie: Mit dem Abschluss eines Optionsvertrages erwirbt der Produzent noch keine Nutzungsrechte am Stoff. Er erwirbt lediglich ein Vorrecht auf den Erwerb der Rechte.

Der Produzent hat während der Optionszeit die Möglichkeit, die Option auszuüben oder aber verfallen zu lassen. Sie binden sich dagegen einseitig an den Produzenten. Wie weit diese Bindung geht, hängt von der Art der Optionsvereinbarung ab. Üblich ist der Abschluss entweder einer sogenannten einfachen Option oder einer qualifizierten Option.

Was bedeutet »einfache Option«?

In der Praxis werden häufig sogenannte einfache Optionsverträge geschlossen. In einer einfachen Option werden die Optionszeit (gegebenenfalls mit Verlängerungsmöglichkeit) und die Optionsvergütung geregelt, welche häufig auf eine mögliche spätere Drehbuchvergütung anrechenbar ist.

Will der Produzent das Projekt realisieren, übt er die Option während der Optionszeit aus. Da in der einfachen Option keinerlei Vereinbarungen getroffen worden sind, zu welchen Bedingungen der Verfilmungsvertrag geschlossen werden soll, gehen jetzt die Verhandlungen erst los. Dies kann dazu führen, dass Sie plötzlich in einer sehr guten Verhandlungsposition sind. Denn wenn das Projekt das Interesse eines Senders gefunden hat und möglicherweise bereits Fördergelder bewilligt sind, muss sich der Produzent irgendwie mit Ihnen einigen. Es kann aber auch nachteilig für Sie sein, etwa wenn das Projekt zu einem Low-Budget-Film gemacht werden soll und der Produzent partout nur eine sehr geringe Vergütung zahlen kann oder will.

Was passiert, wenn es zu keiner Einigung kommt?

Obgleich dieses Problem in der Praxis immer wieder auftaucht, ist es bis heute nicht abschließend geklärt. Nach der überwiegenden Meinung ist der Autor in einem solchen Falle nicht verpflichtet, sich unter allen Bedingungen auf einen

Verfilmungsvertrag mit dem Produzenten einzulassen. Unter bestimmten Umständen ist der Autor sogar berechtigt, den Stoff anderweitig zu verkaufen. Im Musikbereich gibt es hierzu eine Entscheidung des Landgerichts Hamburg[36], die auch für Optionsverträge im Filmbereich herangezogen werden kann:

Die Moulinettes hatten mit der Plattenfirma Mama Marina Musik GbR einen Musikverlagsvertrag und einen Bandübernahmevertrag geschlossen. In beide Verträge wurde eine Optionsvereinbarung aufgenommen, die lautet wie folgt: »Der Mama Marina Musik GbR wird die Option auf die Werke von drei weiteren Alben der Gruppe Moulinettes eingeräumt«. Zwischen den Parteien kam es zum Streit und die Moulinettes schrieben an die Plattenfirma, die Zusammenarbeit sei beendet. Daraufhin teilte die Firma der Band mit, dass sie von ihrem Optionsrecht in Bezug auf ein weiteres Album Gebrauch machen würden. Die Moulinettes antworteten, dass sie die Ausübung dieser Option nicht annähmen und lediglich bereit seien, die Zusammenarbeit unter verbesserten Konditionen fortzusetzen. Zu diesem Zeitpunkt befand sich die Band bereits in Vertragsverhandlungen mit anderen Plattenfirmen und entschloss sich schließlich zu einer Zusammenarbeit mit den Firmen »Shado« und »Quattro«, da diese Firmen bessere Konditionen zu bieten hatten. Dies wollte sich die Mama Marina Musik GbR nicht gefallen lassen und wandte sich per E-Mail an die beiden Firmen und setzte diese darüber in Kenntnis, dass ihrer Auffassung nach die Moulinettes bereits vertraglich an sie gebunden seien. Die Band versuchte nun zunächst außergerichtlich zu erreichen, dass die Mama Musik GbR sich verpflichtet, solches Verhalten zu unterlassen, da dies die Zusammenarbeit mit »Shado« und »Quattro« gefährde. Da die Mama Marina Musik GbR eine solche Verpflichtungserklärung aber nicht abgab, kam es zur Klage. Die beklagte Mama Marina Musik GbR berief sich auf die Ausübung der Option und dass dementsprechend eine Verpflichtung der Moulinettes bestehe, mit ihr zu arbeiten. Die mit dem Fall befassten Richter untersuchten nun zunächst den Wortlaut der Option. *Sie kamen zu dem Schluss, dass es sich hier nur um eine sogenannte einfache Option handelt. Die Moulinettes waren aufgrund dieser einfachen Option lediglich verpflichtet, im Falle der Veröffentlichung weiterer Alben, diese zuerst der Mama Marina Musik GbR anzubieten. Ein Abschlusszwang habe aber nicht bestanden. Denn verpflichtet zum Abschluss eines neuen Vertrages seien die Moulinettes nur dann gewesen, wenn ihnen keine Plattenfirma bessere Konditionen angeboten hätte als die Mama Marina Musik GbR.*

Was bedeutet »qualifizierte Option«?

Demgegenüber steht die sogenannte qualifizierte Option. Sie unterscheidet sich von der einfachen Option dadurch, dass bereits zum Zeitpunkt des Abschlusses des Optionsvertrages der gesamte später mögliche Verfilmungsvertrag ausgehandelt wird. Sie schließen also einen Optionsvertrag, der genauso gestaltet ist, wie eine einfache Option, nur dass darin zusätzlich folgender Satz aufgenommen ist:

»Wird die Option ausgeübt, tritt nachfolgender Verfilmungsvertrag in Kraft.«

An den Optionsvertrag wird dann der Verfilmungsvertrag geheftet. Dieser Verfilmungsvertrag muss natürlich Punkt für Punkt ausgehandelt sein. Zwar steht zu diesem Zeitpunkt noch nicht fest, ob der Verfilmungsvertrag je in Kraft tritt. Trotzdem müssen Sie hier ebenso aufpassen wie bei einem »normalen« Vertrag. Denn wenn die Option durch den Produzenten ausgeübt wird, gilt der Vertrag genauso wie vereinbart. Sie können dann nicht neu verhandeln.

Diese Vorgehensweise hat einen Vorteil: Beide Parteien haben Klarheit darüber, was im Fall der Ausübung der Option passiert. Ein Nachteil kann für Sie allerdings dann eintreten, wenn Ihr Exposee oder Drehbuch sehr positiv aufgenommen wird, sich Förderanstalten, Co-Produzenten und Sender finanziell engagieren und Sie dann nicht neu verhandeln können.

Sind mir während der Optionszeit die Hände gebunden?

Während der Optionszeit – also zwischen Abschluss der Option und Ablauf des Optionszeitraumes – sind Sie bei der qualifizierten Option nicht berechtigt, die Rechte an Ihrem Stoff zu verkaufen.

Bei der einfachen Option gibt es die Möglichkeit bei Vorliegen bestimmter Voraussetzungen, Ihren Stoff trotz der Bindung durch die Option zu veräußern. Hierzu müssen aber bestimmte Voraussetzungen gegeben sein. Lassen Sie sich in einem solchen Fall beraten, da juristische Einzelheiten zu beachten sind.

Welche Wirkung hat die Optionsausübung?

Wurde eine einfache Option abgeschlossen, wird verhandelt.

Bei einer qualifizierten Option tritt mit Ausübung der bereits ausgehandelte Vertrag in Kraft.

Bin ich frei, wenn der Produzent die Option verfallen lässt?
Lässt der Produzent die Option verfallen, können Sie über Ihre Rechte wieder
frei verfügen.

2. Das Pitch-Paper

Immer häufiger werden Autoren beauftragt, ein kurzes Pitch-Paper zu verfassen.
Ein Pitch-Paper umfasst üblicherweise ein bis drei Seiten und soll die Handlung
sowie die Figuren kurz anreißen. Protagonist und Antagonist sollen klar erkennbar sein, die Grundsituation soll beschrieben werden.

Meist bezahlen Produzenten kein Geld für ein solches Pitch-Paper. Es wird
vielmehr als »Bewerbungsschreiben« angesehen. In diesem Fall wird zwar keine
Vergütung bezahlt, Sie übertragen aber auch keine Rechte am Stoff (soweit überhaupt Urheberrechte an dem Stoff entstanden sind und es sich nicht nur um eine
nicht schutzfähige Idee handelt).

Manchmal gelingt es aber doch, einen Pitch-Paper-Vertrag abzuschließen.
Ein solcher Vertrag unterscheidet sich von einem Exposse-Vertrag nur im Hinblick auf die zu erstellende Seitenzahl und die Vergütung. Dabei wird für die
Erstellung eines Pitch-Papers üblicherweise zwischen 250 Euro und 1000 Euro
vereinbart. Im Hinblick auf die weiteren Eckdaten gelten die Hinweise zum Exposeevertrag.

3. Exposeevertrag

Ein Produzent hat die Idee, einen Film über das Leben eines berühmt-berüchtig-
ten Verlegers zu machen. Er lädt Sie zu einem Gespräch ein, da er sich vorstellen
kann, dass Sie der richtige Autor dafür sind. Nach dem Gespräch ist für Sie klar,
dass Sie den Auftrag bekommen. Zu Hause fangen Sie sofort an zu recherchieren
und investieren in den folgenden Wochen all Ihre Energie in das Thema. Wie
selbstverständlich gehen Sie davon aus, dass Ihnen ein gut dotierter Drehbuchvertrag zugesandt wird. Der Produzent seinerseits war von Ihren Ideen in dem
Gespräch angetan. Da er noch nie mit Ihnen gearbeitet hat, möchte er sich zunächst aber nicht binden. Daher sendet er Ihnen einen Vertragsentwurf für ein
Exposee zu. Für Sie eine böse Überraschung: Als Vergütung sind dort 750 Euro
vorgesehen, die Sie aber erst nach Abnahme erhalten sollen. Die Rechte an dem

Stoff sollen dem Produzenten bereits zum Zeitpunkt der Entstehung eingeräumt werden. Auch die Rechte, Ihr Exposee von anderen Autoren bearbeiten zu lassen sowie andere Autoren mit der Erstellung eines Treatments oder Drehbuchs basierend auf Ihrem Exposee zu beauftragen, werden auf ihn übertragen.

Daher zunächst folgender Tipp: Beginnen Sie jegliche Arbeit am Stoff erst nach Abschluss des Vertrages, also wenn Sie und der Produzent den Vertrag unterzeichnet haben.

Gegenstand des Vertrages

Um Missverständnisse zu vermeiden, sollte in jedem Fall aufgenommen werden, welchen Umfang Ihr Exposee haben soll. Üblicherweise umfasst ein Exposee fünf bis 12 Seiten. Auch soll angegeben werden, um welches Genre es sich handelt, und ob der spätere Film für das Fernsehen (TV-Film oder Serienfolge) oder für das Kino bestimmt ist.

Vergütung

Für ein Exposee für einen Fernsehfilm wird derzeit ein Betrag zwischen 1.000 und 3.500 Euro (in Ausnahmefällen auch darüber) bezahlt. Ist die Herstellung eines Kinofilmes geplant, erhalten etablierte Autoren in der Regel wesentlich mehr.

Soweit Sie später beauftragt werden, ein Treatment oder Drehbuch auf Grundlage des Exposees zu verfassen, ist das Exposee-Honorar üblicherweise auf das spätere Treatment- oder Drehbuch-Honorar anrechenbar.

Fälligkeit der Vergütung

Die Hälfte der Vergütung sollten Sie bei Abschluss des Vertrages erhalten, die zweite Hälfte möglichst nach Ablieferung.

Zeitpunkt der Rechteübertragung

Die Produzenten und Sender schlagen meist eine Rechteübertragung im Zeitpunkt der Entstehung der Rechte vor. Wird dies vertraglich vereinbart, kann es zu folgender unangenehmen Situation kommen: Sie liefern die erste Fassung des

Exposees ab, kommen in der Folgezeit mit den Änderungswünschen des Produzenten nicht klar. Möglicherweise trennt sich der Produzent dann ganz schnell von Ihnen. Und Ihre Rechte? Die liegen dann beim Produzenten. Um sich ein solches Resultat zu ersparen, sollten Sie sich im Vorfeld absichern: Versuchen Sie zu vereinbaren, dass die Nutzungsrechte am Exposee erst mit Zahlung der Abnahme-Rate auf den Produzenten übergehen. Soweit der Produzent Sie im Falle der Realisierung des Projekts nicht beauftragt, das Treatment bzw. das Drehbuch zu erstellen, sollten Sie die Möglichkeit haben, die Rechte (gegebenenfalls gegen Rückzahlung der Hälfte der erhaltenen Vergütung) zurückzuerwerben.

Umfang der Rechteübertragung

Die Vertragsentwürfe der Produktionsfirmen und Sender enthalten seitenlange Rechtekataloge, die eine Übertragung dieser Rechte zeitlich, örtlich und inhaltlich unbeschränkt und exklusiv vorsehen. (Ein Beispiel für einen solchen Rechtekatalog finden Sie im Anhang).

Einige dieser Rechte gelangen selten oder niemals in die Auswertung durch die Produktionsfirmen oder Sender, so etwa die Bühnenrechte oder die Merchandising-Rechte. Daher stellt sich die Frage, warum Sie sie übertragen sollen. Andererseits haben Sie als Autor nicht die Möglichkeit, etwa Ihre Merchandising-Rechte losgelöst vom Film auszuwerten. In jedem Fall sollten Sie die Rechte behalten, die für Sie Bedeutung bekommen können. So das Bearbeitungsrecht. Denn das Bearbeitungsrecht kann für die Produktionsfirma die Möglichkeit eröffnen, einen anderen Autor an Ihr Exposee zu setzen. Um dies zu verhindern, sollten Sie das Bearbeitungsrecht streichen und einen klarstellenden Satz aufnehmen lassen, der besagt, dass Ihr Exposee nicht von einem anderen Autor bearbeitet werden darf.

Versuchen Sie auch, die Drucknebenrechte sowie die Bühnen- und Hörspielrechte zu behalten. Es kommt immer wieder vor, dass Autoren später auf Grundlage ihres Filmstoffs einen Roman oder ein Bühnenstück verfassen möchten.

Manchen Autoren sind auch die Rechte für ein Remake, für Prequels, Sequels, für die Weiter- und Fortentwicklung sowie für ein mögliches Merchandising wichtig. Gerade wenn sich Ihr Stoff für eine dieser Verwertungsformen eignet, sollten Sie versuchen, die entsprechenden Rechte zu behalten oder aber eine Beteiligung zu vereinbaren. Die Beteiligung sollte sich aus den beim Produzenten eingehenden Beträgen der betroffenen Verwertung *ohne vorherigen Abzug der Kosten* errechnen. In der Praxis spielen diese Rechte aber eine sehr kleine Rolle.

Ihre Verhandlungen sollten Sie daran nicht scheitern lassen, außer Sie sehen ein erhebliches Potenzial für die betroffene Auswertung.

Sind Sie in einer guten Verhandlungsposition, so sollten Sie Ihre Rechte zur Verfilmung wenn, dann nur zehn Jahre *exklusiv* übertragen. Nach Ablauf der zehn Jahre können Sie Ihr Buch einem anderen Produzenten für ein Remake verkaufen. Die Erstverfilmung darf aber weiterhin durch den ursprünglichen Produzenten verwertet werden.

Weiterentwicklung Ihres Stoffes

Ein Exposee-Vertrag betrifft allein das Exposee. In einem solchen Vertrag wird Ihnen üblicherweise nicht garantiert, dass Sie später auch beauftragt werden, das Treatment oder Drehbuch zu schreiben. Wollen Sie sichergehen, dass Sie und kein anderer Autor den Auftrag zur Erstellung des Treatments oder Drehbuchs erhält, falls Ihr Stoff weiterentwickelt wird, sollten Sie vereinbaren, dass Sie die Möglichkeit haben, die Rechte an Ihrem Exposee zurückzuerwerben (gegebenenfalls gegen Rückzahlung der Hälfte der erhaltenen Vergütung), falls ein anderer Autor für die Erstellung des Treatments oder Drehbuchs engagiert wird. Ist dies nicht möglich, dann lassen Sie sich zusichern, dass Ihnen die Erstellung des Treatments oder Drehbuches zuerst zu üblichen und angemessenen Bedingungen anzubieten ist. Diese Alternative ist für Sie jedoch nicht so sicher, da eine solche Klausel von den Gerichten möglicherweise nur als unverbindliche Absichtserklärung gewertet wird. Auch kann Streit über die »angemessenen Bedingungen« entstehen. Man könnte auch versuchen, die Vergütung des später möglichen Treatment- und Drehbuchvertrages verbindlich zu vereinbaren, dazu lassen sich Produktionsfirmen aber selten bewegen.

Wichtig: Haben Sie einem Produzenten ein bereits fertiggestelltes Exposee angeboten, so ist ein Optionsvertrag die für Sie günstigere Variante. Denn damit binden Sie sich nur für einen überschaubaren Zeitraum.

Nachbesserung

Die Nachbesserung spielt beim Exposee keine große Rolle. Denn wenn die Produktionsfirma die zweite oder dritte Fassung des Exposees nicht abnimmt, hat ein weiterer Versuch wenig Sinn. Man sollte sich dann besser trennen.

Abnahme

Streitigkeiten über die Abnahme gibt es im Zusammenhang mit einem Exposee selten. Denn wenn sich ein Autor schon bei der Arbeit am Exposee nicht mit der Produktionsfirma versteht, trennt man sich besser einvernehmlich. Soweit vereinbart ist, dass die Nutzungsrechte erst mit Abnahme auf den Produzenten übergehen, verbleiben die Rechte dann ohnehin bei Ihnen. Falls Sie dies nicht vereinbaren können, sollte zumindest klargestellt sein, dass die Rechte an Sie zurückfallen, falls Ihr Exposee nicht abgenommen wird.

Günstig für Sie ist auch die Vereinbarung einer sogenannten Abnahmefiktion. Sie verkürzen damit Ihre Wartezeit oft erheblich. Eine solche Klausel kann lauten wie folgt: »Die Produktionsfirma wird innerhalb von vier Wochen nach Ablieferung des Werkes erklären, ob die Leistung vertragsgemäß erbracht wurde oder zur Nachbesserung auffordern. Wird von der Produktionsfirma keine Erklärung abgegeben, so gilt das Werk nach Ablauf der Frist als abgenommen. Für die Abnahme der Nachbesserung gilt dieselbe Frist.«

Fassungsbegrenzung

Gerade wenn Sie für die Erstellung eines Exposees nur 1.000 oder 1.500 Euro erhalten, sollten Sie im Vertrag eine Fassungsbegrenzung aufnehmen. Diese kann lauten wie folgt: »Mit der vorgenannten Vergütung ist die Erstellung von bis zu zwei Fassungen abgegolten. Sind weitere Fassungen zu erstellen, erhält der Autor eine anteilige zusätzliche Vergütung.«

Garantien

Die Filmproduktionen sichern sich im Hinblick auf Ihr Exposee ab. So haben Sie üblicherweise im Vertrag zuzusichern, dass kein anderer Autor an der Erstellung des Exposees beteiligt war, dass Sie keine urheberrechtlich geschützten Beiträge anderer Autoren verwendet haben, und dass mit Ihrem Exposee keine Persönlichkeitsrechte anderer verletzt werden.

Probleme kann es insbesondere im Hinblick auf mögliche Persönlichkeitsrechtsverletzungen geben. Denn wenn Sie beauftragt sind, ein Dokudrama auf Grund von tatsächlichen Begebenheiten zu verfassen, ist die Möglichkeit durchaus gegeben, dass Sie Persönlichkeitsrechte verletzen – auch wenn Sie dies nicht beabsichtigen. Unterzeichnen Sie eine solche Klausel daher auf keinen Fall, wenn

Sie auf reale Personen anspielen. Ein solches Risiko dürfen Sie nicht eingehen. Sie können alternativ zusichern, Ihre Rechercheergebnisse der Filmproduktion bzw. dem Sender offenzulegen. Das Risiko einer möglichen Persönlichkeitsrechtsverletzung soll dann der Sender oder die Produktionsfirma tragen.

Namensnennung

Im Exposeevertrag wird die Nennung meist nicht geregelt, da zu diesem Zeitpunkt davon ausgegangen wird, dass Sie auch Treatment und Drehbuch schreiben. Soweit Sie nur das Exposee für den Film verfassen, kommt eine Titelnennung dann in Frage, wenn das später verfilmte Drehbuch auf Grundlage und unter Verwendung der maßgeblichen Elemente Ihres Exposees geschaffen wurde. Stammt die Idee zum Exposee von Ihnen, so können Sie sich im Exposeevertrag eine Nennung als Ideengeber zusichern lassen.

Exposeevertrag für ein Serienformat

Sie werden beauftragt, ein Exposee für eine Vorabend-Serie zu verfassen. Dabei sollen Sie sämtliche durchgehenden Charaktere beschreiben und Story-Lines für die ersten 12 Folgen aufzeigen. Selbstverständlich sind Sie daran interessiert, im Falle der Realisation des Formats als Autor mitzuschreiben. Dementsprechend sollten Sie sich bereits im Exposee-Vertrag zusichern lassen, dass Sie eine bestimmte, konkret angegebene Mindestanzahl von Drehbüchern für die Serie gegen eine in diesem Vertrag bereits festzulegende Vergütung (auch möglich, aber nicht so sicher: zu angemessenen und üblichen Bedingungen) angeboten bekommen und Ihnen für die Bücher, die auf Grundlage Ihres Formats von anderen Autoren verfasst werden, eine Beteiligung zugesichert wird.

4. Treatmentvertrag

Gegenstand des Vertrages

Das Treatment baut in der Regel auf dem abgenommenen Exposee auf. Dementsprechend sollte in den Vertrag aufgenommen werden, dass der Autor auf Grundlage des abgenommenen Exposees das Treatment erstellt.

Vergütung

Für ein Treatment zwischen 15 und 40 Seiten werden derzeit 2.500 bis 7.500 Euro bezahlt. Die Vergütung ist üblicherweise auf das Honorar des späteren Drehbuchvertrags anrechenbar.

Fälligkeit der Vergütung

Die für Sie günstigste Variante: die Hälfte der Vergütung bei Abschluss des Vertrages, die zweite Hälfte bei Ablieferung.

Üblich ist eine Drittelung: ein Drittel bei Abschluss des Vertrages, ein Drittel bei Ablieferung der ersten Fassung, ein Drittel bei Abnahme.

Namensnennung

Im Treatmentvertrag sollten Sie sich zusichern lassen, dass Sie genannt werden, wenn das Drehbuch auf Grundlage Ihres Treatments erstellt wird – als Absicherung für den Fall, dass ein anderer Autor das Drehbuch erstellt.

Für folgende Vertragspunkte gelten die Ausführungen zum Exposee-Vertrag entsprechend:

- Zeitpunkt der Rechteübertragung
- Umfang der Rechteübertragung
- Weiterentwicklung Ihres Stoffes
- Nachbesserung
- Abnahme
- Fassungsbegrenzung
- Garantie

5. Drehbuchvertrag

Wird Ihnen ein Drehbuchvertrag angeboten, so handelt es sich dabei in der Regel um einen Vertrag, mit dem Sie beauftragt werden, das drehfertige Buch zu verfassen. Immer öfter legen Produktionsfirmen aber auch einen Vertragsentwurf vor, der den Weg zum drehfertigen Buch in einzelne Stufen gliedert, die jeweils eine neue und gesonderte Beauftragung vorsehen. Bei einem solchen Vertrag werden Sie zunächst nur beauftragt, ein Exposee zu verfassen. Danach entscheidet der Produzent neu, ob er mit Ihnen in die nächste Phase der Entwicklung geht. Wenn ja, so werden Sie beauftragt, das Treatment zu schreiben. Nach Abnahme des Treatments entscheidet der Produzent wiederum neu, ob Sie mit der Erstellung der ersten Fassung des Drehbuches beauftragt werden oder nicht, und so weiter. Der maßgebliche Unterschied zwischen diesen beiden Verträgen liegt also in der Beauftragung. Beim Entwicklungsvertrag werden Sie stufenweise jeweils neu beauftragt. Zunächst werden Sie nur ein Exposee verfassen. Problematisch ist bei diesen Verträgen unter anderem die Rechteübertragung. Denn üblicherweise sehen diese Verträge vor, dass die Verfilmungs- und Auswertungsrechte in jedem Stadium der Entstehung auf den Produzenten übergehen. Es kann daher passieren, dass der Entwicklungsvertrag für Sie schon nach Ablieferung des Exposees endet, und Sie dann auch die Rechte schon übertragen haben.

Hier werden die unterschiedlichen Interessen von Autor und Produzent ganz deutlich: Gerade wenn der Produzent einen unerfahrenen Autor verpflichtet, möchte er sich in jedem Stadium der Drehbucharbeit wieder von ihm trennen können. Andererseits möchte er die Rechte am Exposee bzw. der Geschichte, die das Exposee beschreibt, behalten. Der Autor dagegen möchte natürlich nicht nur das Exposee, sondern das drehfertige Buch verfassen. Wenn er aber schon nach Ablieferung des Exposees verabschiedet wird und bis zu diesem Zeitpunkt relativ wenig Geld erhalten hat, will er (wenigstens) seine Rechte am Exposee behalten. Wenn Sie in einer guten Verhandlungsposition sind, versuchen Sie zu vereinbaren, dass die Rechte am Stoff an Sie zurückfallen, falls Sie nicht mindestens bis zur Erstellung der ersten (oder besser zweiten) Fassung des Drehbuches beauftragt werden. Ansonsten gelten für einen solchen Vertrag die Ausführungen zum Exposeevertrag, da es sich (jedenfalls zunächst) nur um einen Exposeevertrag handelt, der dann möglicherweise – wenn die Produktionsfirma dies wünscht – in einen Treatment- und Drehbuchvertrag münden kann.

Wichtig: Haben Sie einem Produzenten ein bereits fertiggestelltes Drehbuch angeboten, so ist ein Optionsvertrag die für Sie günstigere Variante. Denn damit binden Sie sich nur für einen überschaubaren Zeitraum.

Gegenstand des Drehbuchvertrages

Das Drehbuch wird in der Regel auf Grundlage eines abgenommenen Exposees oder Treatments verfasst. Dementsprechend sollte in den Vertrag aufgenommen werden, dass der Autor auf Grundlage des abgenommenen Exposees/Treatments das Drehbuch erstellt.

Auch sollte angegeben werden, um welches Genre es sich handelt und ob der spätere Film für das Fernsehen (TV-Film oder Serienfolge) oder für das Kino bestimmt ist, und welche Länge er haben soll.

Vergütung bei Fernsehproduktionen

Buy-out-Vergütung, also umfassende Rechteübertragung – kein Wiederholungshonorar

Die Privatsender und immer häufiger auch die öffentlich-rechtlichen Sender lassen sich alle oder fast alle Nutzungsrechte am Drehbuch zeitlich und örtlich unbegrenzt übertragen (sogenannter Buy-out). Im Schnitt wird für die Erstellung des Drehbuchs sowie für die Rechteübertragung für ein TV-Movie (90 Minuten) derzeit (Stand Dezember 2009) ein Betrag von 40.000 Euro bis 75.000 Euro (und in Ausnahmefällen auch darüber) gezahlt. Beachten Sie dabei, dass Sie bei Abschluss eines Buy-out-Vertrages keinen Anspruch auf Wiederholungshonorar haben.

Vertrag auf Grundlage eines Wiederholungshonorars

Die öffentlich-rechtlichen Sender vergüten einen 90-Minüter derzeit mit etwa 20.000 bis 35.000 Euro, (in Ausnahmefällen auch mehr) soweit ein Wiederholungshonorar vereinbart ist. Wird der Film im Fernsehen wiederholt, so kann dafür in jedem einzelnen Fall ein Wiederholungshonorar von bis zu 100 % anfallen. Achten Sie darauf, dass das sogenannte wiederholungshonorarfähige Honorar nicht allzu sehr von Ihrem tatsächlich erhaltenen Grundhonorar abweicht. Denn häufig setzen die Sender hier niedrigere Beträge an. Wird Ihr Film dann z.B. in der Prime-Time wiederholt, so erhalten Sie zwar 100 % Wiederholungshonorar, Berechnungsgrundlage für die 100 % ist aber das (niedrigere) wiederholungshonorarfähige Honorar.

Zusätzliche Pauschale im Falle der Kinoauswertung des Fernsehfilmes
Da es immer wieder vorkommt, dass Fernsehfilme auch im Kino ausgewertet werden, sollten Sie versuchen, für diesen Fall eine zusätzliche Pauschalvergütung auszuhandeln.

Vergütung bei Kinofilmen

Grundvergütung
Im Regelfall wird bei einem Kinofilm zwischen 2 und 3% des Budgets für den Drehbuchautor veranschlagt.

Finanzielle Beteiligung
Bei Kinofilmen wird nicht selten eine Beteiligung am Produzentennettogewinn vereinbart. Eine solche Beteiligung ist aber extrem problematisch. Die Chance, jemals in den Genuss einer Auszahlung zu kommen, ist sehr gering. Der Haken liegt darin, dass Sie erst wenn die Einnahmen höher als die Ausgaben sind, beteiligt werden. Selbst bei erfolgreichen Filmen kann es aber passieren, dass es Jahre dauert, bis die Gewinnzone erreicht ist. Auch hat es sich als schwierig erwiesen, über Jahre hinweg Produzenten aufzufordern, mögliche Gewinne offenzulegen.

Eine Alternative wäre, eine Beteiligung an den beim Produzenten eingehenden Geldern *ohne vorherigen Abzug der Kosten* zu vereinbaren.

Da die Angemessenheit einer Beteiligung von den weiteren Bedingungen Ihres Drehbuchvertrages abhängt, gibt es zur Höhe der Beteiligung keine Richtlinie.

Kinobonus
Wesentlich unkomplizierter ist die Vereinbarung eines sogenannten Kinobonus, um am Erfolg des Filmes beteiligt zu werden. Dies ist ein überschaubares und denkbar einfaches Verfahren: Der Autor erhält eine konkrete Summe, wenn der Film im Kino eine bestimmte Zuschauerzahl erreicht. Die Beteiligung beginnt üblicherweise frühestens bei einer Besucherzahl von einer Million in Deutschland oder, besser für Sie, im deutschsprachigen Raum und kann zum Beispiel lauten wie folgt:

»Bei 1 Mio. Besucher im deutschsprachigen Raum erhält der Autor eine zusätzliche Vergütung von 10.000 Euro. Je weiterer 500.000 Besucher erhält der Autor je weitere 10.000 Euro.«

Sie können anhand der Zuschauerzahlen, die in jeder Filmfachzeitschrift veröffentlicht werden, nachsehen, ob »Ihr« Film die erforderliche Zahl erreicht hat.

Wenn ja, so brauchen Sie nur Ihre entsprechende Rechnung über den im Vertrag vereinbarten Betrag zu stellen. Auch hier gilt: Die Höhe des Kinobonus' hängt von den weiteren Bedingungen Ihres Drehbuchvertrages ab. Daher gibt es keine grundsätzlich gültigen Maßstäbe.

Fälligkeit der Vergütung

Zuerst die für Sie günstigste Staffelung:
25% bei Vertragsabschluss
25% bei Ablieferung der ersten Fassung
25% bei Ablieferung der zweiten Fassung
25% bei Abnahme

Im Mustervertrag der Produktionen ist häufig eine für Sie ungünstigere Staffelung vorgesehen, z.B.:
12,5% bei Abschluss des Vertrages
12,5% bei Ablieferung der ersten Fassung
12,5% bei Ablieferung der zweiten Fassung
12,5% bei Abnahme
50% am ersten Drehtag

Ein Kompromiss wäre folgende Staffelung:
33,3% bei Abschluss des Vertrages
33,3% bei Ablieferung der ersten Fassung
33,3% bei Abnahme

Zeitpunkt der Rechteübertragung

Für Sie als Autor ist es am besten, wenn die Rechteübertragung erst mit Zahlung der letzten Rate erfolgt. Dies ist aber schwer durchzusetzen. Die Produzenten und Sender wünschen eine Rechteübertragung meist zum Zeitpunkt der Entstehung der Rechte oder mit Ablieferung der jeweiligen Fassungen. Grundsätzlich gilt, je später die Rechteübertragung in der Drehbuchentwicklung erfolgt, desto besser für Sie.

Umfang der Rechteübertragung

Die Ausführungen zum Exposee-Vertrag gelten hier entsprechend.

Fassungsbegrenzungen

Üblicherweise werden Sie verpflichtet, Änderungswünsche des Produzenten oder Redakteurs in Ihr Buch einzuarbeiten bis der Produzent es abnimmt. Das kann eine »never-ending-story« werden. Der Wunsch, eine Begrenzung der Anzahl der zu erstellenden Fassungen in den Vertrag aufzunehmen, stößt allerdings häufig auf Unverständnis bei Produzenten und Sendern. Sind Sie aber in einer guten Verhandlungsposition, so sollten Sie versuchen, die Anzahl der Fassungen auf ein für Sie akzeptables Maß zu beschränken. Sind dann doch mehr als die vereinbarten Fassungen zu erstellen, sollten diese zusätzlich anteilig vergütet werden.

Nachbesserung

Drei oder vier Fassungen zu schreiben ist im Rahmen der Drehbuchentwicklung meist unerlässlich. Sind aber vier Fassungen geschrieben, sollten Sie eindeutige und konkrete Richtlinien an die Hand bekommen, was Sie noch ändern sollen. Versuchen Sie daher, eine Klausel im Vertrag aufzunehmen, die den Produzenten verpflichtet, Ihnen konkrete schriftliche Gestaltungsrichtlinien zu übergeben, falls die vierte Fassung nicht abgenommen wird, und dass die fünfte Fassung abzunehmen ist, wenn sie nicht oder nur unerheblich von den Gestaltungsrichtlinien abweicht.

Abnahme

Zu den Problemen, die es im Zusammenhang mit der Abnahme des Drehbuches geben kann, gibt es verschiedene Gerichtsentscheidungen. Diese Urteile verfolgen aber keine einheitliche Linie. Im Wesentlichen einig sind sich die Gerichte im Hinblick auf folgende Punkte:
In den Verträgen wird meist vereinbart, dass die Abnahme im »billigen Ermessen« der Produktionsfirma liegt. Dies klingt zunächst so, als sei der Willkür des Produzenten Tür und Tor geöffnet. So ist es in der Praxis aber nicht. Denn wer die Abnahme verweigern möchte, muss *konkret* darlegen, was er für mangelhaft

hält. Geht eine solche Streitigkeit vor Gericht, wird dort geprüft, ob das Drehbuch den Vorgaben des Produzenten bei Abschluss des Vertrages entspricht oder nicht. Wenn Sie die Vorgaben des Produzenten eingehalten haben oder nur in unwesentlichen Punkten davon abgewichen sind, ist das Buch abzunehmen.

Eine dementsprechende Entscheidung hat das Landgericht Berlin[37] getroffen.

Es ging um die Erstellung von Büchern für eine Fernsehserie. Der Produzent lehnte die Abnahme zuerst mit dem Hinweis, er sei mit dem Buch »unglücklich«, ab. Der Autor war nach Ansicht des Produzenten vom Serienkonzept abgewichen. Die Abweichungen, die der Filmhersteller als Mängel betrachtete, wurden dem Autor in einer groben Auflistung mitgeteilt. Dieser ging auf die entsprechenden Änderungswünsche ein. Trotzdem wurden die Abnahme und damit auch noch ausstehende Honorarzahlungen letztendlich verweigert. Das Buch habe unbehebbare Mängel, argumentierte der Produzent. Der Autor wollte sich das nicht gefallen lassen und zog vor Gericht. Hier fand er ein offenes Ohr: Nach Ansicht der Richter genügt es nicht, sich auf »unbehebbare Mängel« zu berufen. Der Produzent habe vielmehr die Pflicht, die Soll- und die Ist-Beschaffenheit des Drehbuches konkret darzulegen. Zumindest müsse das Konzept der Sendereihe erläutert und dem Drehbuch des Autors gegenübergestellt werden. Die Produktionsfirma machte dagegen geltend, dass im Vertrag ausdrücklich eine Klausel zur Abnahme vereinbart worden sei. Danach liege ein Mangel schon dann vor, wenn der Produzent »Änderungswünsche aufgrund anderer künstlerischer Vorstellungen« habe. Dies überzeugte das Landgericht Berlin nicht. Zwar könnten im künstlerischen Bereich nicht die gleichen Maßstäbe angesetzt werden wie bei Werken des täglichen Gebrauchs. Dies berechtige aber nicht dazu, jegliche Missbilligung des Werkes als Mangel zu charakterisieren und damit die Honoraransprüche des Autors in Frage zu stellen.

Wie beim Exposee- oder Treatmentvertrag ist die Vereinbarung einer sogenannten Abnahmefiktion für Sie in jedem Fall günstig. Eine solche Klausel kann lauten wie folgt: »Die Produktionsfirma wird innerhalb von vier Wochen nach Ablieferung des Werkes erklären, ob die Leistung vertragsgemäß erbracht wurde oder zur Nachbesserung auffordern. Wird von der Produktionsfirma keine Erklärung abgegeben, so gilt das Werk nach Ablauf der Frist als abgenommen. Für die Abnahme der Nachbesserung gilt dieselbe Frist.«

Im Zusammenhang mit der Abnahme ist auch die Entscheidung des Oberlandesgerichts Hamburg wichtig, die im folgenden Kapitel zur Kündigung beschrieben wird. Die Richter stellten in diesem Urteil fest, dass der Produzent unter bestimmten Voraussetzungen die Möglichkeit hat, eine Kündigung des Vertrages auszusprechen und dem Autor eine Entschädigung zu zahlen, wenn er das Drehbuch nicht abnehmen möchte

Kündigung des Drehbuchvertrages

Im Werkvertragsrecht (beim Drehbuchvertrag handelt es sich üblicherweise um einen Werkvertrag) gibt es einen Paragrafen, der besagt, dass der, der das Werk bestellt hat, demjenigen, der das Werk anfertigen soll, jederzeit kündigen kann. Der Besteller muss in diesem Fall aber die gesamte vereinbarte Vergütung an denjenigen, der das Werk hätte fertigen sollen, bezahlen. Im Drehbuchbereich bedeutet das: Kündigt der Produzent einen Drehbuchvertrag vor erfolgter Abnahme, so muss er nach dem Gesetz die gesamte Vergütung bezahlen. Der Autor muss sich nur das anrechnen lassen, was er infolge der Aufhebung des Vertrages an Aufwendungen erspart oder durch anderweitige Verwendung seiner Arbeitskraft verdienen konnte. Diese gesetzliche Regelung können Produzenten aber dadurch umgehen, dass sie im Vertrag eine andere Vereinbarung für den Kündigungsfall mit dem Autor treffen. Meist sehen diese Klauseln vor, dass der Autor die bis zur Kündigung bereits fälligen Raten behält und darüber hinaus eine angemessene Entschädigung bekommt. Wie ein Gericht über die »angemessene Entschädigung« urteilte, zeigt der folgende Fall:

Ein Autor wurde von einer Produktion beauftragt, für die Folgen IV und V der RTL-Serie »Dr. Monika Lindt« jeweils das Konzept, Treatment und Drehbuch zu erstellen. Als Vergütung wurde ein Betrag in Höhe von jeweils 25.000 DM vereinbart. Die Zahlungen sollten fällig werden wie folgt:

1. Rate über 8.000 DM bei Vertragsunterzeichnung
2. Rate über 8.000 DM bei Lieferung
3. Rate von 8.000 DM bei Endabnahme
Auf eine der drei Raten werden 1.000 DM zusätzlich bezahlt.

Im Vertrag hieß es unter anderem:

»...Die Entscheidung über die Abnahme trifft der Produzent nach eigenem billigem Ermessen....

Bei Nichtabnahme hat der Produzent dem Autor an Stelle des vertraglich vereinbarten Honorars eine angemessene Entschädigung zu gewähren. Die Höhe der Entschädigung liegt im billigen Ermessen des Produzenten, wobei der Umfang der geleisteten Arbeit und die notwendigen Aufwendungen des Autors Berücksichtigung finden sollen. Eine bei Vertragsabschluss einzelvertraglich festgelegte Akontozahlung auf das vereinbarte Honorar verbleibt dem Autor in jedem Fall....«

Das Drehbuch bzw. die Überarbeitung des Drehbuches für Folge IV und das Treatment für Folge V nahm die Produktionsfirma nicht ab. Die Drehbuchfassung ließe »Herz und Wärme« vermissen. Das Drehbuch für Folge V lieferte der Autor dennoch nach. Die Produktionsfirma bezahlte dem Autor 24.000 DM und kündigte die Zusammenarbeit auf.

Der Autor wollte sich dies nicht gefallen lassen und klagte auf Zahlung der Gesamtvergütung, also auf zusätzlich 26.000 DM.

Die Sache kam vor das Oberlandesgericht Hamburg[38]. Die Richter stellten fest, dass der Produzent den Drehbuchvertrag jederzeit – auch ohne Angabe eines Grundes – kündigen könne. Das Gesetz sieht in diesem Fall aber vor, dass der Filmhersteller dann die gesamte vereinbarte Vergütung zahlen muss. Hier nun würde aber die im Vertrag vereinbarte Entschädigungsregelung greifen: Der Produzent müsse danach nur eine angemessene Entschädigung leisten. Die Zahlung, die der Filmhersteller dem Autor geleistet habe, sei jedoch nicht angemessen. Das Gericht verurteilte den Produzenten, weitere 13.000 DM an den Autor zu zahlen. Dieser Betrag entspräche der geleisteten Arbeit und den notwendigen Aufwendungen des Autors.

Was unter dem Begriff »angemessene Vergütung« zu verstehen ist, muss im Streitfall also ein Gericht klären. Besser ist, wenn Sie diesen Punkt bereits im Vertrag konkreter regeln. So könnte man etwa folgende Vereinbarung treffen: «Im Falle einer Kündigung des Vertrages stehen dem Autor sämtliche bis zu diesem Zeitpunkt fälligen Raten zu. Darüber hinaus erhält er eine angemessene Entschädigung. Erfolgt die Weiterentwicklung des Drehbuches durch einen anderen Autor auf Grundlage oder in Anlehnung an eine Drehbuchfassung des Autors, so erhält der Autor als Entschädigung mindestens 50% sämtlicher noch ausstehender Raten.«

Namensnennung

Bei Fernsehproduktionen behalten sich meist die Sender das Recht vor zu bestimmen, wer wie genannt wird. In den Verträgen heißt es daher häufig: »Der Autor wird in branchenüblicher Weise genannt« oder »Die Nennung erfolgt nach Maßgabe des auftraggebenden Senders«. Unterzeichnen Sie eine solche Klausel, so erscheint Ihr Name dann entsprechend den Gepflogenheiten des Senders – im schlimmsten Fall kurz im Rolltitel im Abspann des Films. Auch hier gibt es für etablierte Autoren Verhandlungsspielraum. Sind Sie in einer guten Verhandlungsposition, so sollten Sie versuchen, sich eine Nennung im Vor- und im Abspann zusichern zu lassen und zwar in gleicher Schriftgröße, in der der Regisseur genannt wird.

Soll Ihr Drehbuch als Kinofilm realisiert werden, so sollten Sie sich in jedem Fall vertraglich einen Einzeltitel im Vorspann und Nachspann in gleicher Schriftgröße wie der Regisseur zusichern lassen.

Die Antworten auf weitere Einzelfragen zum Vertrag erhalten Sie in Kapitel 15.

> »Wenn ein Autor sich nicht völlig ausgebrannt fühlt, versuche ich ihn zu halten, weil er die Probleme und Lösungen der Story besser kennt als irgendein anderer, und weil ich hoffe, dass er weiterhin motiviert bleibt, seine Ideen umzusetzen.«
>
> *David Puttnam, in: Movie Business Book, Köln 1995, Seite 31*

Kapitel 15: Einzelfragen zu den Verträgen

1. Der Drehbuchvertrag ist zwar von mir, nicht aber vom Produzenten unterzeichnet. Ist der Vertrag trotzdem wirksam?

Es stellt fast die Regel dar, dass der Drehbuchautor schon mit dem Schreiben beginnt, bevor der Drehbuchvertrag unterschrieben ist. Dies kann zu großen Problemen führen. Denn im Bürgerlichen Gesetzbuch ist in § 154 Abs. 2 Folgendes geregelt:

»Ist eine Beurkundung des beabsichtigten Vertrages verabredet worden, so ist im Zweifel der Vertrag nicht geschlossen, bis die Beurkundung erfolgt.«

Das bedeutet: Sind sich Autor und Produzent einig, dass der Vertrag schriftlich geschlossen wird (was fast immer der Fall ist), *dann wird der Vertrag auch erst mit den beiderseitigen Unterschriften wirksam.*

In der Praxis sieht es aber oft folgendermaßen aus: Soll der Autor im Auftrag des Produzenten ein Drehbuch schreiben, so wird dem Autor normalerweise mitgeteilt, dass er einen schriftlichen Vertrag bekommt. Bevor dieser Vertrag an den Autor abgesandt wird, finden Gespräche zwischen Autor und Produzenten statt, in denen die Inhalte des Drehbuches besprochen werden und manchmal auch die Vergütung geklärt wird. Der Autor fängt nun mit dem Schreiben an. In der Folgezeit erhält er einen Standard-Drehbuchvertrag, der in dieser Form von ihm nicht akzeptiert wird. Während die Verhandlungen über die strittigen Punkte des Drehbuchvertrages noch laufen, hat der Autor möglicherweise schon die erste Fassung des Drehbuches abgeliefert. Leider passiert es immer wieder, dass der Produzent sich in diesem Stadium auf schnellstem Wege vom Autor verabschiedet. Die erste Fassung des Buches gefällt ihm nicht, ein Vertrag ist noch nicht geschlossen. Also teilt der Filmhersteller dem Autor lapidar mit, dass man von einem Vertragsschluss mit ihm absehe. Der Autor hat dann schlechte Karten, da die Gerichte den vorgenannten § 154 Absatz II BGB oft strikt anwenden: Solange der Vertrag nicht von beiden Seiten unterzeichnet ist, ist er nicht zustande gekommen.

Einen Trost gibt es in einer solchen Situation aber doch: Wenn Sie nachweisen können, dass Sie im Vertrauen auf das Zustandekommen des Vertrages auf einen anderen Auftrag verzichtet haben, so können Sie Ansprüche auf Schadensersatz haben. Sie erhalten in einem solchen Fall den Betrag, den Sie durch die Erfüllung des anderen, abgesagten Auftrages erhalten hätten.

2. Ist es üblich, dass ich 50% meines Honorars erst am ersten Drehtag erhalte?
Produktionen und Sender schlagen jedenfalls bei Fernsehproduktionen eine solche Staffelung immer häufiger vor. Üblich ist aber nach wie vor, dass Sie die letzte Rate bei Abnahme des Drehbuches erhalten. Denn mit Abnahme des Drehbuches haben Sie Ihre Schreibleistung zu 100% erbracht und dem Filmhersteller auch die Rechte eingeräumt. Es gibt daher keinen Grund, warum Sie zu diesem Zeitpunkt nicht auch Anspruch auf 100% der Vergütung haben sollten. Besteht der Produzent aber darauf, dass die letzte Rate erst bei Drehbeginn bezahlt wird, versuchen Sie, als Kompromiss einen konkreten Termin zu vereinbaren, an dem die letzte Rate spätestens fällig wird. Dies könnte dann lauten wie folgt: »... Euro am ersten Drehtag, spätestens jedoch am Datum ...«. Damit ist sichergestellt, dass Sie Ihr Geld erhalten, auch wenn nicht gedreht werden sollte.

3. Kann der Produzent die Rechte am Drehbuch nutzen, auch wenn er die vereinbarte Gesamtvergütung nicht bezahlt hat?
In den überwiegenden Fällen übertragen Drehbuchautoren bei Abschluss ihres Drehbuchvertrages die Verfilmungs- und Auswertungsrechte auf den Produzenten. Es kommt dann nicht darauf an, ob der Produzent die Vergütung bezahlt hat oder nicht. Er ist durch den Abschluss des Drehbuchvertrages Inhaber der Rechte geworden. Etwas anderes gilt nur dann, wenn vertraglich vereinbart wurde, dass die Rechte erst nach Zahlung der Gesamtvergütung auf den Filmhersteller übergehen.

Da Produzenten ihren jeweiligen Vertragspartnern (wie etwa Sendern oder Verleihfirmen) gegenüber garantieren müssen, über alle erforderlichen Rechte zu verfügen, nimmt das Thema »Rechteerwerb« eine besonders wichtige Stellung im Rahmen der Filmproduktion ein. Als Autor sollte man daher nie vorschnell behaupten, der Produzent habe die erforderlichen Verfilmungs- und Auswertungsrechte am Drehbuch nicht erworben. Was anderenfalls passieren kann, zeigt folgender Fall:

Die Zusammenarbeit zwischen einem Produzenten und einer Drehbuchautorin verlief nicht wie gewünscht. Sie war beauftragt worden, das Drehbuch für eine TV-Produktion, die im ZDF gesendet werden sollte, zu erstellen. Die Filmfirma aber nahm die zweite Fassung nicht ab, und die Parteien trennten sich. In der Folgezeit begann die Autorin zu befürchten, dass der Filmhersteller ihr Drehbuch doch verfilmen würde. Sie nahm sich einen Anwalt, der die Zahlung der zweiten Rate einfordern und mit einer Unterlassungsklage drohen sollte. Der tat dies mit Nachdruck, und kurze Zeit später trafen sich Produzent und Drehbuchautorin vor Gericht wieder. Beklagt allerdings war die Autorin und nicht der Produzent. Dazu kam es folgendermaßen:

Nachdem der Filmhersteller die Abnahme der zweiten Drehbuchfassung verweigert hatte, erklärte die Autorin und spätere Beklagte diesem schriftlich, dass sie auf die ihr eigentlich zustehende letzte Rate in Höhe von 12.000 Euro verzichte. Die Filmfirma beauftragte andere Drehbuchautoren und nahm schließlich das Drehbuch eines dieser anderen Autoren ab.

Bei der Drehbuchautorin wuchs indessen der Verdacht, ihr nicht abgenommenes Werk würde doch verfilmt werden. Als dann noch eine »Abwicklungsvereinbarung«, die der Produzent verfasst hatte, bei ihr einging, nahm sie einen Anwalt.

Im ersten Schreiben des Anwalts forderte dieser 12.000 Euro, mit der Begründung, dass sich herausgestellt habe, dass das Drehbuch der Autorin vom Produzenten verfilmt worden sei. Auch stellte er sich in dem Brief auf den Standpunkt, die Filmherstellungs- und Auswertungsrechte seien bei der Drehbuchautorin verblieben.

Das aber sah die Firma ganz anders. Sie stellte schriftlich klar, dass sie bei ihrer Verfilmung nicht auf die Drehbuchfassungen der Autorin zurückgegriffen habe und daher kein Grund für eine Zahlung bestehe.

Das genügte der Autorin nicht. Sie wandte sich an das ZDF und teilte mit, dass die Filmproduktionsfirma ihre Leistungen nicht bezahlt und daher keine Rechte an ihrem Drehbuch habe. Auch bat sie um Herausgabe des verfilmten Drehbuches. Von diesem Schreiben sandte sie eine Kopie an die Produktionsfirma. Weder das ZDF noch der Produzent gaben das Drehbuch heraus. Nun griff die Drehbuchautorin über ihren Anwalt zu härteren Bandagen: Sie drohte, die Auswertung des Films gerichtlich zu untersagen.

Nun kündigte die Filmfirma ihrerseits eine Klage an, sollte die Autorin nicht sofort erklären, dass ihr keine Nutzungsrechte an dem Drehbuch mehr zustehen würden. Diese Erklärung gab die Autorin nicht ab.

Da reagierte der Produzent sofort und reichte tatsächlich eine Klage gegen die Drehbuchautorin vor dem Landgericht Berlin[39] ein. Er stellte darin zwei Anträge: Das Gericht sollte einerseits feststellen, dass die Filmherstellungs- und Auswertungsrechte am Drehbuch dem Produzenten eingeräumt worden seien und sie daher die Ausstrahlung der TV-Produktion nicht verbieten könne. Zum anderen sollte das Gericht feststellen, dass der Autorin kein Anspruch auf 12.000 Euro zustehen würde.

Im Prozess legte die Produktionsfirma den Richtern das Drehbuch vor, welches sie tatsächlich verfilmt hatte. Dieses konnten nun auch die Autorin und ihr Anwalt sichten. Schnell stand fest, dass im tatsächlich verfilmten Drehbuch nicht auf Inhalte der Drehbuchfassungen der Autorin zurückgegriffen worden war. Die Autorin ließ über ihren Anwalt mitteilen, dass sie keine Ansprüche auf die 12.000 Euro mehr geltend mache. Auch erklärten beide Prozessparteien den zweiten Antrag, in dem es um die angeblich nicht übertragenen Verfilmungs- und Auswertungsrechte ging, für erledigt. Die Sache war damit eigentlich ausgestanden – wären nicht erhebliche Prozesskosten angefallen. Beide Verfahrensbeteiligten beantragten, dem jeweils anderen die Gesamtkosten aufzubrummen.

Hätte die Filmfirma ihr das tatsächlich verfilmte Drehbuch vor Klageerhebung herausgegeben, hätte der Prozess verhindert werden können, argumentierte die Autorin. Die Produktion habe die Klage also selbst verursacht und müsse daher die entstandenen Verfahrenskosten tragen. Der Produzent hielt dagegen: Er habe der Drehbuchautorin schriftlich mitgeteilt, dass der Film nicht auf ihrem Drehbuch beruhe. Dennoch habe die Autorin ihm die Auswertung des Films untersagen wollen.

Es berühre die Grenzen redlichen Vorgehens, so die Richter, wenn der Produzent die geäußerte Bitte um Übersendung des Drehbuchs unbeantwortet ließ. Andererseits habe sich die Autorin auch selbst nicht korrekt verhalten, als sie der Filmfirma vorhielt, ihr Drehbuch verfilmt zu haben und mit einer gerichtlichen Unterlassungsklage drohte. Denn tatsächlich hatte der Produzent ihr Buch gar nicht verfilmt.

Das Gericht gab schließlich dem Produzenten Recht. Dieser hätte schriftlich mitgeteilt, dass er das Buch der Autorin nicht verfilme. Damit sei die Drehbuchautorin hinreichend aufgeklärt worden. Indem sie danach dennoch mit einer Unterlassungsklage gedroht habe, gab sie dem Produzenten Anlass zur Klage. Die Autorin muss damit die Kosten des Verfahrens tragen.

Fazit: Auch wenn man als Autor noch so wütend auf einen Produzenten ist, sollte man sich nie dazu hinreißen lassen, auf Verdachtsmomenten basierend mit einer

Unterlassungsklage zu drohen. Wem es – wie hier der Autorin – hauptsächlich um die Zusatzzahlung geht, kann getrost die Veröffentlichung des Filmes abwarten und dann, nach Sichtung des Films, entscheiden, ob eine Zahlungsklage Aussicht auf Erfolg hat.

4. Muss ich dem Produzenten mitteilen, dass ich aus anderen Werken zitiert oder Teile übernommen habe?

Ja, unbedingt, denn üblicherweise finden sich in den Drehbuchverträgen Klauseln, durch die Sie garantieren, keine Teile oder Inhalte aus anderen Werken übernommen zu haben.

Zwar gibt das Urheberrechtsgesetz die Möglichkeit, aus fremden Werken zu zitieren, ohne dass ein entsprechender Rechteerwerb erforderlich ist. Dieses sogenannte Zitatrecht (geregelt in § 51 UrhG) gilt aber nur unter ganz bestimmten Voraussetzungen und wird in der Praxis sehr streng gehandhabt. Darauf sollten Sie sich nicht verlassen.

5. Mein Drehbuch liegt seit Jahren beim Produzenten in der Schublade. Kann ich meine Rechte zurückrufen?

Mit Blick gerade auf die Drehbuchautoren hat der Gesetzgeber ein Rückrufsrecht wegen Nichtausübung in § 41 des Urheberrechtsgesetzes verankert. Denn es kommt häufig vor, dass ein Autor die exklusiven Rechte an seinem Stoff auf einen Produzenten überträgt, das Buch dann aber nie verfilmt wird. Das Rückrufsrecht gibt Ihnen die Möglichkeit, die übertragenen Rechte an Ihrem Stoff zurückzufordern, wird Ihr Drehbuch nicht verfilmt. Es müssen allerdings mindestens zwei Jahre seit Übertragung der exklusiven Rechte verstrichen sein. Durch eine ausdrückliche vertragliche Vereinbarung mit Ihnen kann der Filmhersteller die Frist verlängern, höchstens aber auf fünf Jahre.

Soweit Sie Rechte zurückrufen möchten, sollten Sie sich an einen Anwalt wenden, da hier juristische Besonderheiten zu beachten sind. Dem Produzenten ist nämlich die Möglichkeit zu geben, die Rechte innerhalb einer sogenannten Nachfrist doch noch auszuüben. Nach § 41 Urheberrechtsgesetz muss diese Frist angemessen sein. Als »angemessen« dürfte ein Zeitraum von einem Jahr (je nach Projekt auch einige Monate mehr oder weniger – bei einem großen Kinoprojekt eher mehr, bei einem Low-Budget-Kurzfilm eher weniger) anzusehen sein. Erst wenn auch diese Nachfrist verstrichen ist, können die Rechte endgültig zurückgeholt werden.

Die Vergütung, die Sie für den betroffenen Exposee-, Treatment-, oder Drehbuchvertrag erhalten haben, ist nicht zurückzuzahlen. Je nach den Umständen des Einzelfalles müssen Sie eine zumutbare Entschädigung zahlen, die im Regelfall jedoch viel niedriger als die erhaltene Vergütung ist.

»Wenn man in der Öffentlichkeit hört, es gäbe viele schlechte Drehbücher, stimmt das nicht. Es gibt vielleicht schlechte Filme, aber nicht so viele mangelhafte Drehbücher, jedenfalls nicht in der ersten Fassung.«

Fred Breinersdorfer, in ZUM 2003, Seite 744

Kapitel 16: Das neue Urheberrecht

In den letzten Jahren wurde das Urheberrechtsgesetz durch drei Novellen maßgeblich geändert

1. Das Gesetz zur Stärkung der vertraglichen Stellung von Urhebern und ausübenden Künstlern

Am 01.07. 2002 ist das Gesetz zur Stärkung der vertraglichen Stellung von Urhebern und ausübenden Künstlern in Kraft getreten. Hier die für Sie wichtigen Regelungen:

Anspruch auf angemessene Vergütung

Sie haben einen Vertrag unterschrieben, der eine sehr niedrige Vergütung für Sie vorsieht. Ihr Buch wird abgenommen und verfilmt. Ein Jahr später stellen Sie im Gespräch mit anderen fest, dass Ihre Kollegen für eine ähnliche Arbeit weit mehr Geld erhalten haben als Sie. Hier greift nun das neue Gesetz: Sie haben die Möglichkeit, eine Änderung Ihres Vertrages zu erzwingen. Ihr Anspruch geht auf Zahlung einer angemessenen Vergütung. Diese Regelung findet sich in § 32 UrhG (Wortlaut siehe Kapitel »Was ist Inhalt meines Urheberrechts als Autor«). Als »angemessen« gilt ein Betrag, der zum Zeitpunkt Ihres Vertragsabschlusses üblich und redlich gewesen wäre.

Damit für alle Seiten mehr Klarheit geschaffen wird, sieht das Gesetz in § 36 vor, dass Vereinigungen von Urhebern (etwa der Verband Deutscher Drehbuchautoren oder der Schriftstellerverband) gemeinsam mit den Werknutzern Standards erstellen, die festlegen, was als »angemessene Vergütung« zu gelten hat. Bis heute gibt es diese Standards im Drehbuchbereich jedoch nicht.

Der Anspruch auf angemessene Vergütung findet auf Verträge Anwendung, die seit dem 01.06. 2001 geschlossen wurden, soweit von den Nutzungsrechten nach Inkrafttreten des Gesetzes Gebrauch gemacht wurde oder wird.

Bestseller-Paragraf gestärkt

Den sogenannten »Bestseller-Paragrafen« gab es auch im »alten« Urheberrechtsgesetz. Dieser soll dem Urheber bei einer unerwartet erfolgreichen Verwertung seines Werkes eine angemessene Beteiligung sichern. Gerade wer aus Unerfahrenheit oder wirtschaftlicher Not für einen geringen Pauschalbetrag Rechte abgegeben hat, soll nachfordern können, wenn sein Werk ein großer Erfolg wird. Die Voraussetzungen für den Bestsellerparagrafen waren bisher allerdings äußerst streng. Nur wenn sich ein grobes Missverhältnis ergeben hatte, war an einen Anspruch zu denken. Neu ist, dass die Voraussetzungen für einen solchen Nachforderungsanspruch jetzt leichter zu erfüllen sind. Es wird kein »grobes Missverhältnis« mehr gefordert. Bereits dann, wenn ein »auffälliges Missverhältnis« zwischen der bezahlten Vergütung und der, die angemessen gewesen wäre, besteht, kann nachgefordert werden. Geregelt ist dies in § 32 a UrhG. Dieser lautet:

§ 32a. Weitere Beteiligung des Urhebers

1. Hat der Urheber einem anderen ein Nutzungsrecht zu Bedingungen eingeräumt, die dazu führen, dass die vereinbarte Gegenleistung unter Berücksichtigung der gesamten Beziehungen des Urhebers zu dem anderen in einem auffälligen Missverhältnis zu den Erträgen und Vorteilen aus der Nutzung des Werkes steht, so ist der andere auf Verlangen des Urhebers verpflichtet, in eine Änderung des Vertrages einzuwilligen, durch die dem Urheber eine den Umständen nach weitere angemessene Beteiligung gewährt wird. Ob die Vertragspartner die Höhe der erzielten Erträge oder Vorteile vorhergesehen haben oder hätten vorhersehen können, ist unerheblich.

2. Hat der andere das Nutzungsrecht übertragen oder weitere Nutzungsrechte eingeräumt und ergibt sich das auffällige Missverhältnis aus den Erträgnissen oder Vorteilen eines Dritten, so haftet dieser dem Urheber unmittelbar nach Maßgabe des Absatzes 1 unter Berücksichtigung der vertraglichen Beziehungen in der Lizenzkette. Die Haftung des anderen entfällt.

3. Auf die Ansprüche nach den Absätzen 1 und 2 kann im Voraus nicht verzichtet werden. Die Anwartschaft hierauf unterliegt nicht der Zwangsvollstreckung; eine Verfügung über die Anwartschaft ist unwirksam.

4. Der Urheber hat keinen Anspruch nach Absatz 1, soweit die Vergütung nach einer gemeinsamen Vergütungsregel (§ 36) oder tarifvertraglich bestimmt worden ist und ausdrücklich eine weitere angemessene Beteiligung für den Fall des Absatzes 1 vorsieht.

Diese Regelungen gelten auch für Altverträge, die vor Erlass des Gesetzes geschlossen wurden, aber nur dann, wenn der Bestsellerfall nach dem 28.03.2002 eingetreten ist.

Eine der wenigen Gerichtsentscheidungen zum Bestsellerparagrafen erließ das Landgericht Berlin. Ein Drehbuchautor machte Nachforderungen im Hinblick auf ein von ihm entwickeltes, sehr erfolgreiches Serienformat geltend.

Im Jahre 1994 bat ein Produzent einen Drehbuchautor darum, Ideen für einen Krimi mit Ottfried Fischer zu entwickeln. Der Autor fertigte daraufhin einen Plot, eine Story-Outline und später insgesamt sieben Drehbücher für die daraus entstandene Serie »Der Bulle von Tölz« an. Als Vergütung erhielt er hierfür insgesamt 625.000,00 DM.

Die Serie »Der Bulle von Tölz« hatte ungemein großen Erfolg und erzielte jedenfalls seit 1999 sehr hohe Einschaltquoten. Die einzelnen Folgen der Serie werden nicht nur in Deutschland, sondern auch in anderen Ländern ausgestrahlt. In Deutschland wurden die einzelnen Folgen inzwischen mehrfach wiederholt.

Da auf der Grundlage seines Formates zahlreiche Drehbücher erstellt wurden, die andere Autoren verfassten, forderte der Autor im Jahre 1999 durch seinen Anwalt weitere Vergütungen, insbesondere eine feste Vergütung für jede Folge der Serie, für die er die Drehbücher nicht verfasst hatte. Der Produzent zahlte dem Autor nun einen weiteren Betrag von knapp € 190.000,00. Insgesamt erhielt der Autor also etwa € 500.000,-.

Im Jahre 2007 wandte sich der Autor abermals an den Produzenten und teilte diesem mit, dass ihm Nachzahlungen wegen der häufigen Wiederholungen des »Bullen von Tölz« zustünden. Es bestünde ein auffälliges Missverhältnis zwischen der Vergütung, die er erhalten habe, und den Erträgen und Vorteilen, die der Produzent aus der Nutzung seines Werkes ziehen konnte. Daher habe er einen Anspruch auf eine weitere Beteiligung.

Mit den ihm gezahlten Pauschalhonoraren könnten höchstens vier Ausstrahlungen (Erstausstrahlung sowie drei Wiederholungen) abgegolten sein, so der Autor. Bei den Wiederholungen der nach seinen Drehbüchern erstellten Folgen außerhalb der Sendegruppe von SAT 1 sei eine Beteiligung von mindestens 50% an den erzielten Erlösen angemessen. Bei den Wiederholungen der Folgen, die auf Drehbüchern Dritter beruhen, von mindestens 30%. Die Beteiligung von Kreativen sei in Höhe von 50% an den Bruttoerträgen angemessen. Auf den Drehbuchautor müssten demnach 3–5% der Werbeerlöse und sonstigen Erträge und Vorteile entfallen. Um den Anspruch berechnen zu können, sollte der Filmhersteller zunächst Auskunft unter anderem über die Auswertung der Serienfolgen sowie über die erzielten Erlöse erteilen. Der Filmhersteller allerdings war der Ansicht, dass der Autor keinen Anspruch auf die geforderten Auskünfte habe. Der Autor ließ daher durch seinen Anwalt Klage vor dem Landgericht Berlin (unter Aktenzeichen 16 O 8/07) erheben und verlangte Auskunft und – darauf aufbauend – Zahlung von weiteren Beteiligungen.

Die Richter stellten zunächst fest, dass ein Auskunftsanspruch nur bestehe, wenn hinreichende Anhaltspunkte für das Vorliegen eines auffälligen Missverhältnisses gegeben seien. Ausgangspunkt für die Ermittlung des Missverhältnisses sei die angemessene Vergütung. Angemessen sei nach § 32 Absatz 2 Satz 2 Urheberrechtsgesetz dasjenige, was im Zeitpunkt des Vertragsschlusses dem entspricht, was im Geschäftsverkehr nach der Nutzungsmöglichkeit der Werke des Autors, insbesondere der Art und Dauer der Nutzung, üblicher- und redlicherweise zu leisten sei. Dies könne sich nur daran orientieren, was in vergleichbaren Fällen zur Zeit des Vertragsabschlusses redlicher- und üblicherweise vereinbart worden wäre. Anhaltspunkte dafür, dass der Kläger mit seiner Vergütung im Vergleich zu anderen vergleichbaren Kreativen unterbezahlt wäre, seien aber nicht ersichtlich und vom klagenden Drehbuchautor auch gar nicht vorgetragen worden.

Das Gericht prüfte dabei auch die Rechtmäßigkeit von den sogenannten »Buy-Out-Honoraren«. Diese Art der Vergütung führe jedenfalls in der Filmwirtschaft nicht generell zu unangemessenen Ergebnissen. Es käme immer auf den konkreten Einzelfall an.

Auch der Vergleich mit Wiederholungszahlungen öffentlich-rechtlicher Sender half dem Autor nicht weiter. Dieser Vergleich sei nicht geeignet, so die Richter, Rückschlüsse auf die angemessene Vergütung von Drehbuchautoren im Verhältnis zu privaten Sendern zu ziehen. Zum einen sei eine Buy-Out-Vergütung mit weniger

Risiko behaftet als eine gestaffelte Zahlung je nach Wiederholungen. Zum anderen würden Privatsender gänzlich anderem Finanzierungsdruck als öffentlich-rechtliche Sender unterliegen.

Ein auffälliges Missverhältnis liege nur dann vor, so die Richter, wenn der vereinbarte Betrag von insgesamt etwa € 500.000,00 um 100% unter der angemessenen Vergütung liege. Dass die angemessene Vergütung bei etwa einer Million Euro gelegen habe, konnte der Autor nicht belegen.

Die Klage des Drehbuchautors wurde abgewiesen. Er erhielt somit keine Auskunft über genauen Auswertungsumfang der Serie und keine weiteren Nachzahlungen.

Das Urteil ist allerdings noch nicht rechtskräftig. Sobald der Autor Berufung eingelegt hat, wird die nächste Instanz – und damit andere Richter – den Fall nochmals überprüfen.

2. Das Gesetz zur Regelung des Urheberrechts in der Informationsgesellschaft (sogenannter Korb I)

Das Gesetz zur Regelung des Urheberrechts in der Informationsgesellschaft ist seit 13.09.2003 in Kraft.

Das Internetrecht

Als Klarstellung wurde das Internetrecht nun ausdrücklich in den Rechtekatalog des Urheberrechtsgesetzes aufgenommen. Klarstellung deshalb, weil dem Urheber ohnehin alle Verwertungsrechte an seinem Werk zustehen (mehr hierzu im Kapitel 6 »Was ist Inhalt meines Urheberrechts als Autor«).

Für Sie als Drehbuchautor ändert sich durch diese Neuregelung nichts. Denn seit mindestens fünfzehn Jahren wird das Internetrecht in den Drehbuchverträgen mit Produzenten oder Sendern berücksichtigt.

Privatkopie auch digital zulässig

Es wurde weiterhin klargestellt, dass private Kopien auch digital zulässig sind. (Nur aus offensichtlich illegaler Quelle darf der Inhalt nicht stammen). Die Herstellung von privaten Kopien war auch in der Vergangenheit zulässig. Man denke nur an die Aufnahme von Fernsehfilmen auf Videokassetten oder DVDs zum privaten Gebrauch. Diese Nutzung wurde für die Urheber bislang über die Geräteabgabe und die Leerkassettenabgabe vergütet. Zum Ausgleich dafür, dass private Nutzer mit Hilfe von Fotokopierern, Radiorekordern, DVD-/CD-Brennern und den entsprechenden Leerkassetten bzw. Rohlingen urheberrechtlich geschützte Werke zur privaten Nutzung kopieren dürfen, sind die Gerätehersteller verpflichtet, eine Geräteabgabe an die Urheber zu entrichten. Dies gilt darüber hinaus auch für die Großbetreiber von Kopiergeräten. Eingezogen werden die Gelder durch die Verwertungsgesellschaften (etwa die VG-Wort für die Drehbuchautoren). Die Möglichkeiten, private Kopien von urheberrechtlich geschützten Werken herzustellen, sind durch das Internet aber enorm gestiegen. Welche Art der Vergütung die Berechtigten, unter anderem die Autoren erhalten sollen, wurde inzwischen durch » Korb II« geregelt (siehe Ziffer 3).

Schutzsysteme

Die Rechteinhaber, vorrangig also die Musik- und Filmindustrie, haben die Möglichkeit erhalten, die Verletzung von technischen Schutzsystemen wirksam zu verfolgen.

3.»Korb II« – Die Urheberrechtsnovelle vom 01.01.2008

Mit dem 01.01.2008 trat der sogenannte »Zweite Korb« der Urheberrechtsnovelle in Kraft. Aufbauend auf die erste Novelle aus dem Jahr 2003 wurde das Urheberrecht damit weiter an das digitale Zeitalter und die neuen technischen Möglichkeiten angepasst.

Wichtig sind folgende Neuregelungen:

Unbekannte Nutzungsarten

Bisher konnten Nutzungsrechte nur für bereits bekannte Nutzungsarten eingeräumt werden. Durch die Neuregelung können sich die Verwerter, also etwa die Filmproduzenten, auch die Rechte für unbekannte Nutzungsarten einräumen lassen. Der Urheber erhält jedoch eine gesonderte, angemessene Vergütung, wenn sein Werk in einer neuen Nutzungsart verwertet wird.

Erhalt der Privatkopie

Die private Kopie nicht kopiergeschützter Werke bleibt weiterhin erlaubt – auch in digitaler Form. Das neue Recht stellt aber Folgendes klar: Bisher war die Kopie einer offensichtlich rechtswidrig hergestellten Vorlage verboten. Dieses Verbot wird nunmehr ausdrücklich auch auf unrechtmäßig online zum Download angebotene Vorlagen ausgedehnt. Auf diese Weise wird die Nutzung illegaler Tauschbörsen klarer erfasst.

Es bleibt auch bei dem Verbot, einen Kopierschutz zu knacken. So können die Rechtsinhaber ihr geistiges Eigentum durch derartige technische Maßnahmen selbst schützen.

Als Ausgleich für die erlaubte Privatkopie bekommt der Urheber eine pauschale Vergütung. Sie wird auf Geräte und Speichermedien erhoben und über die Verwertungsgesellschaften an die Urheber ausgeschüttet. Diese Vergütung soll von den Beteiligten, also den Verwertungsgesellschaften und den Verbänden der Geräte- und Speichermedienhersteller, ausgehandelt werden. Für den Streitfall sind beschleunigte Schlichtungs- und Entscheidungsmechanismen vorgesehen. Dadurch soll es schneller zu Einigungen über die Vergütungszahlungen kommen.

Vergütungspflichtig sind in Zukunft alle Geräte und Speichermedien, deren Typ zur Vornahme von zulässigen Vervielfältigungen benutzt wird. Keine Vergütungspflicht besteht für Geräte, in denen zwar ein digitaler, theoretisch für Vervielfältigungen nutzbarer Speicherchip eingebaut ist, dieser tatsächlich aber anderen Funktionen dient.

Neuerungen für Wissenschaft und Forschung

Den öffentlichen Bibliotheken, Museen und Archiven ist es nun erlaubt, ihre Werke an elektronischen Leseplätzen zu zeigen. Neu ist auch, dass Bibliotheken auf gesetzlicher Basis Kopien von urheberrechtlich geschützten Werken auf Bestellung anfertigen und versenden dürfen, z.B. per E-Mail. Die Anzahl der Vervielfältigungen eines bestimmten Werkes, die an Leseplätzen gleichzeitig gezeigt werden dürfen, ist an die Anzahl der Exemplare im Bestand der Einrichtung gekoppelt. Bei Belastungsspitzen darf allerdings darüber hinausgegangen werden. Und: Bibliotheken dürfen Kopien per E-Mail nur dann versenden, wenn der Verlag nicht ein offensichtliches eigenes Online-Angebot zu angemessenen Bedingungen bereithält.

4. Ausblick auf »Korb III«

Um die Erforderlichkeit weiterer Änderungen des Urheberrechts zu prüfen, hat das Bundesministerium der Justiz seit Februar 2009 Interessenverbände um Stellungnahme zu folgenden Themenkreisen gebeten:

- Prüfung hinsichtlich einer Widerrufsmöglichkeit von Filmurhebern bei unbekannten Nutzungsarten
- Begrenzung der Privatkopien auf Kopien nur vom Original
- Verbot der Herstellung einer Privatkopie durch Dritte
- Verbot sogenannter intelligenter Aufnahmesoftware
- Zweitverwertungsrechte für Urheber von wissenschaftlichen Beiträgen
- Überprüfung der bestehenden Regelung zur Kabelweitersendung
- Prüfung einer Regelung des Handels mit gebrauchter Software

Wann es zu einer gesetzgeberischen Initiative kommt, steht derzeit noch nicht fest.

»Es war wirklich der erste und letzte Kompromiss meines Berufslebens.
Aber er war verhängnisvoll – das erste Glied in einer ganzen Verkettung
weiterer Kompromisse, die ... Nun, ich will nicht vorgreifen: Jedenfalls
war das alles ziemlich unglaublich – selbst im Land der Fantasie.«

Frank Capra, in:»Autobiografie«, Zürich 1992, Seite 869

Kapitel 17:
Wichtig für jeden Autor –
Mitgliedschaft bei der VG-Wort

Jedes Musikstück, das im Radio oder in einer Kneipe läuft, muss über die GEMA abgerechnet werden. Weniger bekannt ist, dass auch die Drehbuchautoren Vergütungsansprüche dieser Art haben. Werden etwa Fernseher in Gaststätten aufgestellt, muss der Wirt auch an die Autoren dieser Sendungen über die VG Wort bezahlen. Ähnliches gilt für Videofilmverleih und Kabelweitersendung. Hier erfolgen zum Teil erhebliche Ausschüttungen an die Drehbuchautoren.

Wofür erfolgt eine Ausschüttung?
Das Spektrum der VG Wort umfasst alle Sendungen, also neben Spielfilmen, Fernsehspielen und Serien auch den politischen Kommentar, Sportreportagen, Morgenmagazine, selbst Sendungen mit überwiegendem Musikanteil und das Wort zum Sonntag.

Wie werde ich Mitglied?
Fordern Sie das Anmeldeformular bei der VG Wort, Goethestr. 49, 80336 München Tel. 089/ 514 120, Fax: 089/ 514 1258 an.
Die Mitgliedschaft kostet Sie nichts. Sie müssen Ihre verfilmten Bücher dort einmal jährlich anmelden.

Am Drehbuch haben mehrere Autoren geschrieben. Kann ich meinen Anteil anmelden?
Autorenteams, die gemeinsam – etwa bei Serien – schreiben, werden mit bestimmten Prozentanteilen gemeldet. So wurden bei der VG Wort beispielsweise für eine Daily-Soap folgende Prozentanteile gemeldet: Dialogautor: 25%, Dialo-

geditor 12%, Chefautor 10%, Storyeditor 9%, Storyeditor-Assistent 6%, Story-Liner 30%, Producer 7%.

Die einzelnen Prozentanteile sind von den Betroffenen gemeinsam zu bestimmen. Die VG Wort nimmt von sich aus eine solche Aufteilung nicht vor.

Anhang

Endnoten

1 Oberlandesgericht München, Fundstelle: UFITA 23, Seite 214 – »Solange Du da bist«
2 Bundesgerichtshof, Fundstelle: UFITA 38, Seite 340 – »Straßen – gestern und morgen«
3 Bundesgerichtshof, Fundstelle: UFITA 39, Seite 193 – »Gasparone«
4 Oberlandesgericht München, Fundstelle: UFITA 23, Seite 214 – »Solange Du da bist«
5 Bundesgerichtshof, Fundstelle:ZUM 1999, Seite 644 ff. – »Laras Tochter«
6 Bundesgerichtshof, Fundstelle: GRUR 1953, Seite 299 – »Lied der Wildbahn«
7 Oberlandesgericht München, Fundstelle: ZUM 1999, Seite 244 ff. – »Augenblix«
8 Oberlandesgericht München, Urteil vom 15.03.1990, Fundstelle: ZUM 1990, Seite 311 ff. – »Forsthaus Falkenau«
9 Bundesgerichtshof, Urteil vom 26.06.2003, Fundstelle: ZUM 2003, Seite 771 ff. – »Kinderquatsch mit Michael«
10 Oberlandesgericht München, Fundstelle: GRUR 1986, Seite 460 – »Die unendliche Geschichte«
11 Kammergericht Berlin, Fundstelle: UFITA Bd. 59, Seite 279 ff.
12 Oberlandesgericht Köln, Fundstelle: GRUR 1994, Seite 47 ff. – »... aber Jonny«
13 Bundesgerichtshof, Fundstelle: GRUR 1987, Seite 362 ff. – »Filmzitat«
14 Bundesverfassungsgericht, Fundstelle: ZUM 2000, Seite 867 ff. – »GERMANIA 3«
15 Landgericht Hamburg, Fundstelle: ZUM 2003, Seite 403ff. – »Die Päpstin«
16 Oberlandesgericht München, Fundstelle: ZUM 1995, Seite 427 ff.
17 Entscheidung des Bundesgerichtshofs, Aktenzeichen 51/06
18 Entscheidung des Europäischen Gerichtshofs für Menschenrechte vom 24.06.2004, Fundstelle GRUR 2004, Seite 1051 ff.
19 Entscheidungen des Bundesgerichtshofs, Aktenzeichen IV ZR 3/06, 14/06, 50/06, 51/06, 52/06, 53/06
20 Oberlandesgericht München, Fundstelle: ZUM 1996, Seite 526 – »Frankenberg«
21 Bundesverfassungsgericht, Fundstelle: NJW 1987, Seite 2661 ff. – »Schwein«
22 Landgericht Hamburg, Urteil vom 13.08.1999, Aktenzeichen: 324 O 106/99
23 Landgericht Hamburg, Fundstelle: ZUM 2007, Seite 212 f.
24 Entscheidungen des Oberlandesgerichts Hamburg, Aktenzeichen 7 U 142/06 und 7 U 143/ 06
25 Entscheidung des Bundesgerichtshof, Aktenzeichen VI ZR 122/04
26 Entscheidung des Bundesgerichtshof, Aktenzeichen VI ZR 191/08
27 Entscheidung des Landgerichts München I, Aktenzeichen: 9 O 9431/ 07
28 Entscheidung des Oberlandesgerichts München, Aktenzeichen 18 W 1902/07
29 Oberlandesgericht München, Aktenzeichen: 6 U 3526/80
30 Landgericht Berlin, Fundstelle: UFITA Bd. 6, Seite 72

31 Oberlandesgericht Hamburg, Fundstelle: UFITA Bd. 21, Seite 337

32 Kammergericht Berlin, Fundstelle: UFITA Bd. 81, Seite 214

33 Oberlandesgericht München, Aktenzeichen: 6 U 4219/79

34 Landgericht Hamburg, Fundstelle: UFITA, Bd. 26, Seite 252

35 Landgericht Hamburg, Fundstelle: UFITA, Bd. 38, Seite 81

36 Landgericht Hamburg, Fundstelle: ZUM 2002, Seite 158 ff. – »Option als Vorrechtsvereinbarung«

37 Landgericht Berlin, Urteil vom 29.08.2000, Aktenzeichen: 16 O 72/00

38 Entscheidung des Oberlandesgerichts Hamburg, Aktenzeichen 3 U 193/97 (Abgedruckt in ZUM-RD 1998, Seite 557)

39 Entscheidung des Landgerichts Berlin unter Aktenzeichen 16 O 857/06

Rechteübertragung

I. Rechteeinräumung (Verfilmung)

Der AUTOR räumt dem PRODUZENTEN hiermit das ausschließliche, inhaltlich, zeitlich und räumlich uneingeschränkte Recht zur einmaligen Verfilmung des Werks ein. Sämtliche vertragsgegenständlichen Rechteübertragungen erfolgen, soweit die Rechte bereits entstanden sind, mit der Unterzeichnung dieses Vertrages, im Übrigen im Zeitpunkt ihres Entstehens. Der PRODUZENT nimmt die Übertragung dieser Rechte bereits jetzt an. Insbesondere werden dem PRODUZENTEN folgende ausschließliche Rechte übertragen:

1. Die Werkbearbeitungs- und Übersetzungsrechte,
   das heißt das Recht, das Werk sowie Charaktere, Handlungselemente, Dialoge, Szenen etc. des Werkes bzw. der Produktion unter Wahrung des Urheberpersönlichkeitsrechts (droit moral) umzugestalten und abzuändern, neue oder geänderte Teile hinzuzufügen, Teile herauszunehmen oder die Handlungsabfolgen umzustellen, auch mit Zeichentrick und grafischen Bearbeitungen zu versehen, andere Autoren mit einer Bearbeitung zu beauftragen und auch diese Bearbeitungen innerhalb der in dieser Rechteinräumung genannten Nutzungsarten zu verwenden, für Zwecke der Verfilmung einzurichten bzw. einrichten zu lassen, das Werk in sämtliche Sprachen übersetzen zu lassen und diese Übersetzungen Dritten zugänglich zu machen. Dies schließt die Umgestaltung des Werks im Rahmen interaktiver Nutzung ein.

2. Die Filmherstellungsrechte,
   das heißt das Recht, die Produktion unter Verwendung des Werkes, von Teilen oder Bearbeitungen hiervon in deutscher oder fremdsprachiger Fassung für sämtliche unter Ziffer II genannte Nutzungsrechte herzustellen, einschließlich des Rechtes zur Wiederverfilmung.

3. Die Titelverwendungsrechte,
   das heißt das Recht, den Titel des Werkes, auch in abgewandelter Form oder Übersetzung, zur Bezeichnung der Produktion und sämtlicher aus und im Zusammenhang mit der Produktion entwickelter Produkte und neu entstehender Werke zu verwenden, ohne dazu verpflichtet zu sein, so-

wie den Titel (einschließlich der Folgentitel, Rubriktitel, Untertitel etc.) der Produktion und/oder des zur Produktion benutzten Werkes in gleichem Umfang auszuwerten, wie das Werk und/oder die Produktion selbst. Eingeschlossen ist das Recht, den Filmtitel – ggf. auch nach seiner Veröffentlichung – zu verändern bzw. zu ersetzen oder für dritte Produktionen zu nutzen.

4. Die Weiterentwicklungsrechte,

das heißt die Befugnis, vom Autor entwickelte Handlungselemente oder in dem Werk enthaltene Personen und deren Charakteristika sowie sonstige Ideen und Gestaltungselemente neben der Werkbearbeitung uneingeschränkt auch für Folgeproduktionen (Prequels, Sequels, Serialization) zu verwenden, und zwar auch dann, wenn die Drehbücher für solche weiteren Produktionen ohne Mitwirkung des Autors erstellt werden sollten.

II. Auswertungsrechte

1. Die Theaterrechte (Kino-/Vorführungsrechte),

d.h. das Recht, die Produktion durch technische Einrichtungen in Filmtheatern oder sonstigen dafür geeigneten Orten (z.B. Autokinos, Gaststätten, Diskotheken, Vereins- oder Altersheimen, Schiffen, Flugzeugen, Krankenhäusern, etc.) öffentlich wahrnehmbar zu machen, unabhängig von der technischen Ausgestaltung des Vorführsystems, der Bild-/Tonträger und der Art und Weise der Zulieferung der vorzuführenden Signale. Die Theaterrechte beziehen sich insbesondere auf alle Film- und Schmalfilmformate (70, 35, 16, 8 mm), sämtliche elektronischen Systeme [z.B. elektro-magnetische (Video-) Systeme, E-Cinema, HDTV-Systeme etc.] sowie alle digitalen und sonstigen Übertragungssysteme (terrestrisch, Kabel, Satellit etc.) und umfassen die gewerbliche und nicht-gewerbliche Filmvorführung. Eingeschlossen ist das Recht, die Produktion auf Messen, Verkaufsausstellungen, Festivals und ähnlichen Veranstaltungen öffentlich wahrnehmbar zu machen.

2. Die Videogrammrechte (Bild-/Tonträgerrechte),

d.h. das Recht zur Vervielfältigung und Verbreitung (wie z.B. Verkauf, Vermietung, Leihe, auch im Wege des E-Commerce, etc.) der Produktion auf Bild-/Ton- /Datenträgern aller Art (Videogramme) zum Zwecke der nichtöffentlichen und linearen Wiedergabe in vorgegebener oder individuell zu gestaltender Abfolge. Dieses Recht umfasst sämtliche audiovisuellen Speichersysteme – unabhängig von deren jeweiliger konkreter technischer Ausgestaltung – wie z.b. Schmalfilm, Schmalfilmkassette, Videokassette, Videoband, Video- bzw. Bildplatte, Diskette, Chip, CD-Video, CD-ROM, CD, MD, CD-1, CD-I, CD-I-Music, Foto-CD-Portfolio, CD-DA, EBG (Electronic Book Graphic), EBXA, 3DO, MMCD, SDD, Laser-Disc, DAT (Digital Audio Tape), DVD, DVD-plus, DVD-ROM, MPEG-Datenträger, UMD, HD-DVD, 3DO, Blu-Ray-DVD, DCC (Digital Compact Cassette), Foto-CD, CD-ROM-XA, MOD (Magneto Optical Disc), HD-CD, MP3-Datenträger, Mini-Disc, optische Speichermedien etc. oder ähnliche Systeme.

Eingeschlossen sind weiter das Recht, die Produktion einem begrenzten Empfängerkreis (closed circuit video, wie z.b. Schulen, Krankenhäuser, Hotels, Gaststätten, Vereinsheime, Wohnheime, Fahrzeuge, wie z.b. Flugzeuge, Schiffe, Busse, Bahnen etc.) oder einem bestimmten oder unbestimmten Personenkreis auf Abruf (Video-on-Demand) zugänglich zu machen, sowie die sich aus dem Vermieten oder Verleihen bespielter Videokassetten und der Möglichkeit privater Überspielungen ergebenden urheberrechtlichen Vergütungsansprüche (insbesondere gemäß §§ 27, 54 des deutschen UrhG und den entsprechenden Regelungen in anderen Ländern des Lizenzgebietes).

3. Die Senderechte,
d.h. das Recht, die Produktion durch Funk [wie z.B. Ton- und Fernsehrundfunk (inkl. DVB-T, -C, -S, -M, DMB, DAB), Drahtfunk, Hertzsche Wellen, Laser, Mikrowellen etc.] oder sonstiger analoger, digitaler oder anderweitiger Datenübertragungstechnik oder ähnliche technische Einrichtungen (z.B. über das Internet, »IP-TV«) ganz oder in Teilen der Öffentlichkeit mittels analoger oder digitaler Speicher- und Übertragungstechnik zugänglich zu machen. Dies gilt für beliebig viele Ausstrahlungen, für alle möglichen Übertragungssysteme (wie z.b. terrestrische Sender, Kabelfernsehen unter Einschluss der Kabelweitersendung und der hieraus resultierenden Erlöse und Satellitenfernsehen unter Einschluss der Verbreitung durch Direktsatelliten und sonstige Daten- oder Telefonleitungen oder -Netze wie z.B. ISDN, DSL/ADSL, Kabelmodem, WAP, GPRS, HSCSD, HSMD, UMTS, DVB-H, DMB, DXB, Internetprotokoll etc.) in allen tech-

nischen Verfahren (z.b. analog, digital, hochauflösend inkl. HDTV, inter-
aktives Fernsehen), verschlüsselt oder unverschlüsselt, und unabhängig
von Rechtsform und Finanzierungsweise der jeweiligen Sendeanstalt (wie
z.b. öffentliches oder privates, kommerzielles oder nicht-kommerzielles
Fernsehen etc.) oder der Gestaltung des Rechtsverhältnisses zwischen
Sender und Empfänger [wie z.b. mit oder ohne Zahlung eines Entgelts für
den Empfang eines Senders oder einer bestimmten auf Abruf angebotenen
Sendung, Free TV, Pay TV (Pay-Per-View TV, Pay-Per-Channel, Near-
Video On Demand), Multiplexing, Web TV, etc.] und unabhängig von der
Art des Empfangsgerätes (Fernseh-, PC, MHP, PDA, Spielekonsole, Han-
dy-, Mobile Devices und/oder sonstiges Gerät).

Eingeschlossen ist das Recht der öffentlichen Wiedergabe von Funksendungen, das Recht, die Produktion einem bestimmten Personenkreis (sog.
closed circuit TV, wie z.b. in Hotels, Krankenhäusern, Schulen, Gaststätten, Vereinsheimen, Wohnheimen, Fahrzeugen, wie z.b. Schiffen, Flugzeugen, Bussen, Bahnen sowie auf öffentlichen Plätzen, wie z.b. Straßen,
Flughäfen, Bahnhöfen, Autokinos etc.) oder auf Abruf [z.b. Online via
weltweiter Kommunikationsnetze, insbesondere Internet wie z.b. IPTV
(Internetbroadcasting) über Streaming mit oder ohne Download etc.] einem unbestimmten Personenkreis mittels Computer oder sonstiger Geräte
zugänglich zu machen, sowie die sich aus der Möglichkeit privater Auf-
zeichnungen der Fernsehsendungen ergebenden Entgeltansprüche.

Eingeschlossen ist weiterhin das Recht, die Produktion mittels analoger,
digitaler oder anderer Speicher- bzw. Datenübertragungstechniken mit
oder ohne Zwischenspeicherung der Öffentlichkeit derart zur Verfügung
zu stellen, dass diese auf jeweils individuellen Abruf (»Demand View«,
»Television On Demand«, »Video on Demand«, etc.) empfangen bzw. wiedergegeben werden kann.

4. Die Abruf-/Online-Rechte bzw. die Rechte zur öffentlichen Zugänglichmachung und zur Zurverfügungstellung auf Abruf, (On Demand-Rechte),
insbesondere auch gem. § 19a UrhG,
d.h. das Recht, Nutzern die Produktion ganz oder teilweise (z.B. von einer
elektronischen Datenbank) mittels analoger, digitaler oder anderweitiger
Datenübertragungstechnik (z.B. Datennetze, Online-Dienste, Telefon-

dienste und ähnliche Systeme), unter Einschluss aller Bandbreiten mit
oder ohne (Zwischen-)Speicherung derart (entgeltlich oder unentgeltlich)
zur Verfügung zu stellen, dass diese die Produktion terrestrisch, per Funk,
per Kabel- oder Satellitenübertragung unter Einschluss von Direktsatelliten, sonstigen Daten- oder Telefonleitungen oder -netzen wie z.B. DSL/
ADSL, UMTS, DVB-H, DMB, DXB oder über sonstige Übertragungs-
wege individuell abrufen (sog.»point-to-point«-Übermittlung) und zum
Zwecke der akustischen und/oder visuellen Wiedergabe, Vervielfältigung,
Verbreitung, Weiterübertragung und/oder Speicherung, Bearbeitung und/
oder interaktiven Nutzung mittels Fernseh-, Computer-, Handy-, Mobile Devices oder sonstiger Geräte beliebig empfangen, downloaden, speichern, wiedergeben und vervielfältigen (z.B. Übertragung durch Übertragung auf andere Geräte, durch Brennen auf Trägermaterial wie z.B.
CD-R, CD-RW, DVD-R, DVD-RW) können (»Television-on-demand«,
»Web TV«, »Video on demand«, »Near Video on Demand«, »Cinema
on demand«, »download to own«, »download to burn«, »electronic sell
through«, IPTV, Mobile TV, Podcasting etc., unter Einbeziehung jeglicher
Form der Online-Nutzung via (weltweiter) Kommunikationsnetze, insbesondere Internet, Usenet etc.). Hiervon mitumfasst ist die Herstellung,
Vervielfältigung, Nutzung und Verbreitung von Bild-/Ton-/Datenträgern,
auf denen die Produktion derart gespeichert ist, dass eine Wiedergabe
nur durch Übermittlung zusätzlicher Dateninformation (»Schlüssel«) ermöglicht wird. Eingeschlossen ist das Recht der Abrufübertragung (sog.
»point-to-point«-Übermittlung) mittels beliebiger Datenübertragungstechnik (s.o.) sowie das Recht, die Produktion oder Teile davon gleichzeitig
und zielgerichtet einer Vielzahl von Nutzern (sog. »point-to-mulitpoint«-
Übermittlung) im Wege der sog. »Push-Dienste« zur Verfügung zu stellen. Eingeschlossen ist weiter das Recht, die Produktion für diese Zwecke
umzucodieren. Eingeschlossen ist auch das Recht zur Wiedergabe öffentlicher Zugänglichmachung. Umfasst ist insbesondere auch die Nutzung als
oder im Zusammenhang mit sogenannten Begleitnutzungen sämtlicher
vorbezeichneter Nutzungsarten, insbesondere im Internet einschließlich
World-Wide-Web (Banner-Werbung, Pop-up-Windows, Framing, Daten-
erhebungen bei Nutzern, Hyperlinks, Meta-Tags etc.), und die Nutzung im
Rahmen von E-Commerce-Projekten. Eingeschlossen ist ferner die Nutzung im Rahmen von Telefonmehrwert-, Teletext- oder Faxabrufdiensten,
Onlinediensten und Multichannel-Diensten zum Zwecke der akustischen

oder audiovisuellen Wahrnehmung, Weiterübertragung, Vervielfältigung und Bearbeitung durch unbeschränkte oder beschränkte Nutzerkreise, gleichviel, ob hierfür pauschal oder nutzungsabhängige Entgelte vereinnahmt werden. Eingeschlossen sind insbesondere auch die linearen und interaktiven Telefon- und Telefaxdienste (einschließlich EMS-, SMS- und MMS-Dienste), bei denen der Nutzer ein erhöhtes Verbindungsentgelt zu entrichten hat oder die über die Verbreitung von Werbebotschaften finanziert werden.

5. Die Rechte zur Auswertung durch interaktive Bild-/Tonträger,
d.h. das Recht, interaktive Versionen der Produktion (sowie ggf. des Werks) auch z.b. in Form von Video-, Computer- und Online-Spielen auf Bild-/ Tonträgern aller Art, herzustellen, zu vervielfältigen, zu verbreiten oder auf Abruf im Sinne vorstehender Ziffer 4 zur Verfügung zu stellen, wobei dem Nutzer individuelle Bearbeitungsmöglichkeiten der Produktion bzw. ihrer einzelnen Ton- oder Bildbestandteile bereitgestellt werden, insbesondere im Wege der Kürzung, Verfremdung, Umgestaltung, Verbindung mit anderen Werken und durch sonstige Veränderung.

6. Die Vervielfältigungs-, Verbreitungs- und Archivierungsrechte,
d.h. das Recht, die Produktion (sowie ggf. das Werk) im Rahmen der in diesem Vertrag eingeräumten Nutzungsarten beliebig – auch auf anderen als den ursprünglich verwendeten Bild-/Tonträgern, Datenträgern etc., auch digitaler Art – zu speichern, zu archivieren, zu vervielfältigen, in Datenbanken einzustellen und in körperlicher oder unkörperlicher Form wiederzugeben und zu verbreiten.

7. Die Bearbeitungs- und Synchronisationsrechte,
d.h. das Recht, die Produktion (sowie ggf. das Werk) – unter Wahrung der Urheberpersönlichkeitsrechte – zu kürzen, zu teilen, zu ergänzen, Werbeteile auch unterbrechend einzufügen, mit anderen Werken zu verbinden, das Bildmaterial zu verändern, insbesondere die Produktion zu kolorieren, den Titel neu festzusetzen, die Musik auszutauschen, Anfangs- und Endtitel unter Berücksichtigung der vom Lizenzgeber rechtzeitig zuvor mitgeteilten gesetzlichen oder vertraglichen Nennungsverpflichtungen entsprechend den hierfür bestehenden Usancen (neu) zu gestalten, die Produktion in sonstiger Weise – insbesondere auf Anforderung eines Sen-

deunternehmens – zu bearbeiten sowie das ausschließliche Recht, die Produktion selbst oder durch Dritte in den Sprachen des Lizenzgebietes zu synchronisieren, neu- oder nachzusynchronisieren und untertitelte oder Voice-over-Fassungen herzustellen.

8. Die Rechte zur Werbung und Klammerteilauswertung,
   d.h. die Befugnis, Ausschnitte aus der Produktion (sowie ggf. dem Werk) für Promotion- und Werbezwecke auch als Bestandteil einer Datenbank zu nutzen oder innerhalb anderer Produktionen auszuwerten; weiterhin das Recht, in branchenüblicher Weise (z. B. im Fernsehen, im Kino, auf Videogrammen, über weltweite Kommunikationsnetze – insbesondere das Internet –, in Druckschriften und mittels sog. Tie-In-Marketingkooperationen insbesondere im Markenartikelbereich) für die Produktion zu werben. Dieses Recht umfasst auch die Befugnis, Abbildungen, Namen und/oder Biografien der an der Produktion Mitwirkenden und sonstige Elemente der Produktion zu nutzen.

9. Die Merchandising-Rechte,
   d.h. das Recht zur kommerziellen Auswertung der Produktion durch Herstellung, Vervielfältigung und Verbreitung von Waren aller Art (wie z.B. Puppen, Spielzeuge, Stofftiere, Sportartikel, Haushalts-, Bad-, und Küchenwaren, Kleidungsstücke, Kopfbedeckungen, Buttons etc.) einschließlich Druckerzeugnisse, auch im Wege des sog. E-Commerce, sowie durch Ausführung von Dienstleistungen unter Verwendung von Vorkommnissen, Namen, Titeln, Figuren, Abbildungen, Logos, Ausschnitten aus der Produktion oder sonstigen in einer Beziehung zu der Produktion stehenden Zusammenhängen. Eingeschlossen sind Spiele aller Art, auch interaktive und elektronische (z.B. Computer-, Video-, Online-Spiele) oder sonstige Multimedia-Produktionen sowie unter Verwendung derartiger Elemente oder durch Verwendung bearbeiteter oder unbearbeiteter Ausschnitte aus der Produktion für die vorgenannten Waren und Dienstleistungen zu werben. Weiter eingeschlossen sind die Themenparkrechte (z.B. Freizeit- und Vergnügungsparks, Restaurants, Einkaufszentren, Partys, Disco-Veranstaltungen etc.) sowie das Recht, unter Verwendung derartiger Elemente oder durch bearbeitete oder unbearbeitete Ausschnitte aus der Produktion für Waren- und Dienstleistungen jeder Art zu werben.

10. Das Druck- und Verlagsrecht,

d.h. das Recht, Zusammenfassungen, Inhaltsangaben und Synopsen der Produktion zu verfassen und zu veröffentlichen sowie das Recht zur Herstellung, Vervielfältigung und Verbreitung von bebilderten und nicht-bebilderten Büchern, Heften, Comics, electronic press kits und sonstigen analogen und digitalen Text-, Bild- und Datenträgern usw., die aus der Produktion durch Wiedergabe oder Nacherzählung des Inhalts – auch in abgewandelter oder neugestalteter Form – oder durch fotografische, gezeichnete oder gemalte Abbildungen oder Ähnliches abgeleitet sind, sowie entsprechende Bearbeitungen über Video- und Audiotext oder sonstige analoge oder digitale Verteilsysteme Interessierten zugänglich zu machen.

11. Die Tonträgerrechte,

d.h. das Recht zur Herstellung, Vervielfältigung und Verbreitung von analogen und digitalen Tonträgern jeder Art (insbesondere Schallplatten, CDs, DVDs, Musikkassetten, MPEG-Datenträgern oder sonstigen Systemen, die unter Verwendung des Soundtracks der Produktion oder unter Nacherzählung, Neugestaltung oder sonstiger Bearbeitung der Inhalte der Produktion gestaltet werden), sowie das Recht, derartige Tonträger durch Funk oder sonstige technische Einrichtungen, auch online via weltweiter Kommunikationsnetze, insbesondere Internet etc., zu senden bzw. zur Verfügung zu stellen oder öffentlich vorzuführen sowie das Recht, solche Produkte durch Verwendung von Namen, Titeln, Abbildungen etc. aus der Produktion zu bewerben.

12. Das Bühnen- und Radiohörspielrecht,

d.h. das Recht, das Werk für eine Bühnen- oder Hörspielfassung der Produktion zu nutzen und diese zeitlich, örtlich und inhaltlich unbegrenzt auszuwerten.

13. Das Archivierungs- und Datenbankrecht,

d.h. das Recht, die Produktion in analoger oder digitaler Form online oder offline abzuspeichern und auf die so abgespeicherte Produktion jederzeit zuzugreifen und Dritten den Zugriff hierauf zu ermöglichen.

14. Rechteinräumung im Hinblick auf bekannte und unbekannte Nutzungsarten

Die Rechteübertragung dieses Vertrages umfasst die exklusive Einräumung von Nutzungsrechten in allen bekannten und zum Zeitpunkt des Vertragsschlusses unbekannten Nutzungsarten. Hierzu gelten im Übrigen die gesetzlichen Bestimmungen des UrhG.

Literaturempfehlungen

Brehm, Filmrecht, 2. Aufl., Konstanz 2008

Eickmeier/Eickmeier: Die rechtlichen Grenzen des Doku-Dramas, ZUM 1998, S. 1ff.

Erd, Film- und Fernsehrecht: Vom Drehbuch zum Film, Frankfurt am Main, 2007

Götting/Schertz/Seitz, Handbuch des Persönlichkeitsrechts, München 2008

Homann, Praxishandbuch Filmrecht, 3. Aufl., Heidelberg 2009

Jacobshagen, Filmrecht im Kino- und TV-Geschäft, Bergkirchen 2002

Klages (Hrsg.) Grundzüge des Filmrechts, München 2004

Loewenheim (Hrsg.) Handbuch des Urheberrechts, München 2003

Nordemann, Kommentar zum Urheberrechtsgesetz, 9. Aufl., Stuttgart 1998

Poll, Filmurheberrecht – Rechtsprechungssammlung und Kurzkommentar, Baden-Baden 1998

Prinz/Peters, Medienrecht, München 1999

Reupert, Der Film im Urheberrecht, Baden-Baden 1995

Schertz, Die Verfilmung tatsächlicher Ereignisse, ZUM 1998, S.757

Schricker, Urheberrecht Kommentar, 3. Aufl., München 2006

Schulz, Das Zitat in Film- und Multimediawerken, ZUM 1998, S. 221

Schwarz, Schutzmöglichkeiten audiovisueller Werke von der Idee bis zum fertigen Werk, ZUM 1990, S. 317

von Hartlieb/ Schwarz, Handbuch des Film-, Fernseh- und Videorechts, 4. Aufl., München 2004

Sachregister